Katalog over

Den Hirschsprungske Samling

af danske kunstneres arbejder

skænket af Heinrich og Pauline Hirschsprung

til den danske stat 1902

Catalogue of

The Hirschsprung Collection

of works by Danish artists

bequeathed to the nation

by Heinrich and Pauline Hirschsprung in 1902

København

1989

Åbningstider:
Dagligt kl. 13–16
Mandag og tirsdag lukket
1. oktober–30. april desuden onsdag kl. 19–22

Samlingen af tegninger og kunstnerbreve er
tilgængelig ved telefonisk henvendelse til museets
kontor 31 42 03 36

Adresse:
Den Hirschsprungske Samling, Stockholmsgade 20
DK-2100 København Ø, Danmark
Tlf. 31 42 03 36

Opening hours:
Daily 1 p.m. to 4 p.m.
Mondays and Tuesdays closed
From 1 October to 30 April the Collection is also open
on Wednesdays from 7 p.m. to 10 p.m.

Visitors are admitted to the collection of drawings and
artists' letters by special arrangement with the Museum Office,
Tel. 31 42 03 36

Address:
The Hirschsprung Collection, Stockholmsgade 20
DK-2100 Copenhagen Ø, Denmark
Tel. 31 42 03 36

Katalog: Annette Stabell

Engelsk oversættelse: Henrik Rosenmeier

Fotografer:
Bent Næsby: kat.no. 139
Hans Petersen: kat.no. 114
Ole Woldbye: alle øvrige

Grafisk udformning: Erik P
Bianco Lunos Bogtrykkeri A/S

ISBN 87 981369 3 3

Kataloget er genoptryk af 1982 udgaven.
Bagest findes fortegnelse over nyerhvervelser 1983–89 samt
deponeringer i museet.

This catalogue is a reprint of the 1982-edition.
A list of acquisitions 1983–89 and deposits has been added.

Omslag: kat.no. 114
C. W. Eckersberg: Kvinde foran et spejl. (1837?)
Woman before a mirror
Detalje

Den Hirschsprungske Samling

Som så mange andre af landets kunstmuseer står Den Hirschsprungske Samling i gæld til en enkelt persons kunstinteresse og hans evne til at markere denne interesse gennem storslåede og mangeårige indkøb af billedkunst.

Samlingen er opbygget gennem fire årtier af tobaksfabrikant Heinrich Hirschsprung (1836–1908) og omfatter dansk kunst fra det 19. og begyndelsen af det 20. århundrede. Den giver et fyldigt og repræsentativt overblik over denne periodes billedkunst, fra Eckersberg til fynboerne, med hovedvægt på den såkaldte guldalder og 1880'ernes »moderne gennembrud«, først og fremmest Skagens-malerne og blandt dem især Krøyer. Malerier og skulpturer er placeret i lokaler med møbler fra kunstnernes hjem, ofte tegnet af dem selv eller af deres kunstnervenner.

Som det fremgår af kunstværkernes erhvervelsesår, der så vidt muligt er anført i kataloget, var det fortrinsvis samtidens kunst, der interesserede Heinrich Hirschsprung og hans hustru Pauline (1845–1912), selvom også arbejder af tidligere kunstnere nu og da blev anskaffet. Først op imod århundredskiftet begyndte Hirschsprung planmæssigt at erhverve billeder til husets fornemme guldalder-samling, som er et af nationens klenodier, og som nyder internationale eksperters anerkendelse.

Hirschsprung var en passioneret kunstsamler, hvis lidenskab udsprang af en umiddelbar kunstglæde og evne til at begejstres over det nye i malerkunsten. Han gav aldrig op. Havde han »forset« sig på et billede i en andens eje, så kunne han i årevis fortsætte med at følge det og spørge på det, indtil det endelig overgik til hans eje. Og denne forenede kunst- og jagtglæde blev i årenes løb fulgt op af en stedse stigende kunstforståelse, udviklet både gennem samværet med kunstnerne, hvoraf mange blev hans venner, og gennem læsning og andet studium. Hans egen smag skærpedes og udvikledes, men han fortsatte desuagtet med at rådføre sig med de kunstkyndige eksperter, som tiden havde at byde på, og også her fandt han frem til de bedste.

I mange år samlede Hirschsprung kun med sin egen glæde for øje, så han med stolthed kunne vise sit smukke, billedfyldte hjem frem for andre. Men som samlingen øgedes, måtte han også udvide rammen for dens eksistens og sammen med den holde flyttedag til større og bedre boligforhold. Og disse rokader bar i sig selv tanken frem om at søge den efterhånden så omfattende og udtømmende samling bevaret ved at skænke den til offentligheden. I 1902 udfærdigede han og hans kone et gavebrev, som overdrog samlingen til den danske stat og deres fødeby København, mod at byen stillede en grund til rådighed i Østre Anlæg, og staten og byen i fællesskab rejste en bygning til den og drev den som et selvstændigt museum. Senere ændredes denne bestemmelse til, at staten ene skulle overtage og drive samlingen.

Men det er nogle gange sværere at være modtager end giver, og Hirschsprung fik ikke uden videre lov til at forære samlingen væk. Planen mødte modstand fra mange sider og med mange begrundelser. Regeringen – det var Venstre – havde svare skrupler ved at bifalde et så udpræget hovedstads-projekt over for rigsdagen. De etablerede og konservative blandt tidens kunstnere fandt samlingen alt for radikal og avanceret og så i et skræmmesyn for sig, museet forvandlet til den moderne kunsts højborg – måske ikke helt uberettiget dengang. Hirschsprung havde jo uimodsigeligt altid været på de unge og kontroversielle kunstneres side – folk som Anna og Michael Ancher, Krøyer, Philipsen, Zahrtmann, Ring, Hammershøi og Willumsen – han havde støttet dem økonomisk som moralsk, og hans samling var – da den åbnedes for offentligheden – langt vægtigere, hvad denne samtidens unge kunst angår, end hvad Statens Museum for Kunst kunne byde på.

At den økonomiske situation også dengang stillede sig klart afvisende over for den slags ødslerier siger næsten sig selv. Heller ikke museumsverdenen stillede sig særligt imødekommende over for det ny projekt. Man så hellere samlingen eller noget af den indgå i de allerede eksisterende samlinger på Statens Museum for Kunst.

Men efter fem års stillingskrig med mange batailler og efterfølgende forhandlinger, gik sagen i 1907 omsider i orden. Byggeriet blev sat i gang efter de planer, som Hirschsprung for længst havde ladet arkitekten H. B. Storck udfærdige. Året efter døde han og fik således aldrig set sit livs værk fuldendt. Først i 1911 stod bygningen færdig, en bygning, som i sin enkle klassicisme var samlingen værdig. Samme år åbnedes den for offentligheden.

Siden museets indvielse er samlingen blevet suppleret med en række erhvervelser inden for periodens kunst. Nærværende katalog omfatter samtlige malerier og skulpturer, der i dag tilhører samlingen. Museet ejer desuden et par tusinde tegninger, som senere vil blive katalogiseret, og en sand skat af dokumentarisk materiale i form af kunstnerkorrespondance etc. Det er vort håb i nær fremtid at kunne etablere en studiesal, hvor tegninger og breve kan være tilgængelige for publikum. Indtil videre kan de beses efter aftale.

Hanne Finsen

The Hirschsprung Collection

Like many other art museums in this country the Hirschsprung Collection owes its existence to a single individual's interest in art and his ability to manifest that interest through splendid purchases of works of art over many years.

The collection was established in the course of four decades by Heinrich Hirschsprung (1836–1908), a tobacco manufacturer, and comprises Danish art from the nineteenth and the beginning of the twentieth century. It offers a comprehensive and representative view of pictorial art of that period, from Eckersberg to the Funen painters, with major emphasis on the so-called "golden age" and on "the modern breakthrough" of the 1880's, primarily the Skagen painters, and foremost amongst them Krøyer. The paintings and sculptures are displayed in rooms containing furniture from the artists' homes, often designed by themselves or their artist friends.

It will appear from the acquisition dates, which are listed in the catalogue whenever possible, that Heinrich Hirschsprung and his wife Pauline (1845–1912) were principally interested in contemporary art, although they did on occasion acquire works by earlier artists. It was

not until just before the turn of the century that Hirschsprung began to make systematic purchases for the distinguished collection of pictures from the "golden age", which is one of our great national treasures and one acclaimed by international experts.

Hirschsprung was a passionate collector of art whose commitment sprang from his sincere love of art and his enthusiasm for what was new in painting. He never gave up. If a picture owned by someone else had caught his eye, he would continue for years to pursue it and inquire about it, until it became his at last. And this combined joy in art and the chase was in time to be accompanied by an ever increasing understanding of art, furthered both by companionship with artists, many of whom became his friends, as well as by reading and other studies. His own taste was strengthened and developed, although he continued to consult the art experts of the day, and here once again he found his way to the best.

For many years Hirschsprung collected solely for his own pleasure, so that he might proudly show his beautiful home filled with pictures to others. But as the collection grew, he was forced to enlarge its framework and to move to larger, more suitable places. And such upheavals led, in themselves, to the thought of keeping the ever more comprehensive and thorough collection intact by presenting it to the public. In 1902 he and his wife executed a deed by which the collection was donated to the Danish nation and their native city of Copenhagen on condition that the city make available a lot in the Østre Anlæg and that the state and city jointly erect a building for it and maintain it as an independent museum. Subsequently this was altered: the state alone was to take over and manage the collection.

But it is sometimes more difficult to receive than to give, and Hirschsprung was not simply allowed to make a bequest of his collection. The plan encountered opposition from many sides and for many reasons. The government – the Liberals, representing the farmers' interests, were in power – had severe scruples about recommending to the parliament a project that for them so plainly seemed intended only for the capital. The established and conservative among the artists of the day considered the collection too radical and advanced and had a terrified vision of the museum metamorphosed into a bastion of modern art – and not wholly without justification in those days. It was indisputable that Hirschsprung had always sided with the young and controversial artists – with people like Anna and Michael Ancher, Krøyer, Philipsen, Zahrtmann, Ring, Hammershøi, and Willumsen. He had given them financial and moral support, and – when it was opened to the public – his collection of young contemporary art was far more substantial than that of the Royal Museum of Fine Arts.

It almost goes without saying that in those days as well the economic situation demanded a firm rejection of this kind of profligacy. Nor was the museum world particularly receptive to the new project. It was thought preferable that the collection or part of it be included in already existing collections in the Royal Museum of Fine Arts.

But after five years of entrenched sniping with several skirmishes and subsequent negotiations the matter was finally settled in 1907. Construction began in conformance with the plans which Hirschsprung long ago had asked the architect H. B. Storck to execute. He himself died the following year and thus was never allowed to witness the fulfilment of his life's work. The building was not completed until 1911, indeed a building which in its simple classical style was worthy of the collection. That year it was opened to the public.

Since the inauguration of the museum the collection has been supplemented by a series of acquisitions of art of the period. The present catalogue provides a complete list of the paintings and sculptures belonging to the museum today. In addition there are some two thousand drawings to be catalogued at a later date and a veritable treasure of documentary material in the form of artists' correspondence and the like. In the near future we hope to establish a study room where the drawings and letters will be available to the public. Until then, they are available on request.

Hanne Finsen

Katalogvejledning

Kataloget er opdelt i to afsnit: maleri og pasteller samt skulptur.

Årstal i parentes efter titlen angiver, at dateringen ikke fremgår af kunstværket.

Mål på malerier og pasteller er angivet i cm, højde før bredde. For skulpturens vedkommende er kun højde (H.) eller diameter anført, ligeledes i cm.

Teknik: hvor intet andet er oplyst er billedet udført i olie på lærred.

En stjerne * markerer, at værket er gengivet i kataloget.

De anvendte forkortelser, placeret efter værkets mål eller teknik, refererer til følgende monografier med nummererede oeuvrefortegnelser:

Explanation

This catalogue is divided into two sections: paintings and pastels – and sculpture.

Datings in parenthesis indicate that no date appears on the work of art.

Measurements of paintings and pastels are in centimetres, height first. For sculpture only height (H.) or diameter is furnished, likewise in centimetres.

Unless otherwise stated, the *medium* is oil on canvas.
An asterisk * indicates that the picture is reproduced in this catalogue.

The abbreviations employed, which are furnished after measurements or medium, refer to the monographs containing numbered oeuvre lists. (See the bibliography).

Litteraturhenvisninger   Bibliography

AB	Alfred Bramsen: *Vilhelm Hammershøi*. København og Kristiania 1918
AR	Aksel Rohde: *Niels Skovgaard*. Med en Fortegnelse over hans malede Arbejder ved Ebbe Skovgaard. København 1943
D-S	S. Danneskjold-Samsøe: *Kristian Zahrtmann*. København 1942
EH	Emil Hannover: Maleren *C. W. Eckersberg*. En Studie i dansk Kunsthistorie. København 1898
EH	Emil Hannover: Maleren *Constantin Hansen*. En Studie i dansk Kunsthistorie. København 1901
HCC	H. Chr. Christensen: *August Jerndorff* 1846–1906. Fortegnelse over hans Arbejder. København 1906
HCC	H. Chr. Christensen: Fortegnelse af Malerier og Studier af *L. A. Ring* 1880–1910. København 1910. Tillæg 1922
HCC	H. Chr. Christensen: *P. S. Krøyer* 1851–1909. Fortegnelse over hans Oliemalerier. København 1923
HR	Haavard Rostrup: Billedhuggeren *H. W. Bissen* 1798–1868. København 1945
KM	Karl Madsen: *Johan Thomas Lundbye* 1818–1848. Anden forøgede udgave ved Viggo Madsen og Risse See. København 1949
LS	Leo Swane: *Dankvart Dreyer* 1816–1852. København 1929
MK	Mario Krohn: Maleren *Christen Købke*s Arbejder. Illustreret Fortegnelse. København 1915
RM	Rikard Magnussen: Landskabsmaleren *Janus la Cour* 1837-1909. København 1928
RM	Rikard Magnussen: *Carl Bloch* 1834–1890. København 1931
RM	Rikard Magnussen: Landskabsmaleren *Godfred Christensen* 1845–1928. København 1941. Bind II
S og HB	H. I. Schou og Henrik Bramsen: Maleren *Ludvig Abelin Schou*. København 1947
SS	Sigurd Schultz: *C. A. Jensen*. Bind II. Breve. Fortegnelse over Arbejder. Noter. København 1932
TA	Troels Andersen: *Albert Gottschalk*. 1866-1906. København 1977

MALERIER OG PASTELLER

PAINTINGS AND PASTELS

GEORG ACHEN
1860–1912

1

Maleren Karl Jensen. **1890**
Portrait of the painter Karl Jensen
Bet. f.n.t.h.: G. Achen 1/12 90
37 × 35,5 cm. Erhv. 1904

2

Musiker Rasmussen. **Kunstsamleren R. C. Rasmussen. 1898**
Portrait of the musician and art collector R. C. Rasmussen
Bet. t.v.m.f.: 98. og f.n.t.h.: G ACHEN
46,5 × 38 cm. Bestilt 1898 (?) af H. Hirschsprung

3

Interiør. **1901**
Interior
Bet. f.n.t.h.: 1901 G ACHEN
61,5 × 49 cm. Erhv. 1902

ANNA ANCHER
1859–1935

4

Gammel kone, der læser. **(1882)**
An old woman reading
28,7 × 23 cm. Pastel på papir. Udst. 1902 som tilh. H. Hirschsprung

5

Blind kone i sin stue. **1883**
Blind woman in her room
Bet. f.n.t.h.: Anna Ancher 1883
58,5 × 46,5 cm. Erhv. 1904

6

To gamle, der plukker måger. **Lars Gaihede og gamle Lene. (Ca. 1883)**
Old man and woman plucking gulls
66,2 × 100,8 cm. Erhv. 1889

7*

Pigen i køkkenet. **1883 og 1886**
The maid in the kitchen
Bet. f.n.t.h.: Anna Ancher. 1883.86.
87,7 × 68,5 cm. Erhv. 1904

8

Solskin i den blindes stue. **1885**
Sunshine in the blind woman's room
Bet. f.n.t.v.: Anna Ancher 1885
58,5 × 43,3 cm. Erhv. 1904

9

Gammel kone ved sin rok. **1886–87**
Old woman at the spinning wheel
Bet. f.o.t.v.: Anna Ancher 86 og A. Ancher 87.
34 × 26,5 cm. Pastel på lærred. Udst. 1902 som tilh. H. Hirschsprung

10

Gammel kone i sin stue. 1888

Old woman in her room

Bet. f.n.t.h.: A. Ancher 1888
30 × 25,2 cm. Erhv. 1888

11

Helga i sin legestue. Kunstnerens datter. 1891

Helga in her playroom. The artist's daughter

Bet. f.n.t.h.: A. Ancher. 1891.
55 × 38 cm. Pastel på lærred. Udst.
1902 som tilh. H. Hirschsprung

12

To gamle med deres kaniner.
(1892)

Old man and woman with their rabbits

Bet. f.n.t.h.: A Ancher
61,3 × 54,7 cm. Erhv. 1893

13

Forelæsning for den lille patient. 1893

A lecture to the little patient

Bet. f.n.t.v.: Ancher. 93.
41,5 × 31 cm. Pastel på lærred. Udst.
1902 som tilh. H. Hirschsprung

14

Interiør. 1899

Interior

Bet. f.n.t.h.: A. Ancher 99.
40,1 × 32,7 cm. Erhv. 1899

15

Pige, der syr

Young woman sewing

35,4 × 27,4 cm (lysmål). Pastel på
papir. Udst. 1902 som tilh. H. Hirschsprung

16

Gammel Skagbo

Old man from Skagen

Bet. t.h.m.f.: A. Ancher.
31,7 × 38,5 cm. Pastel på papir.
Udst. 1888 som tilh. H. Hirschsprung

MICHAEL ANCHER
1849–1927

17

Ved en sygeseng. 1879. Gentagelse af maleri fra samme år tilh. Skagens Museum

By a sickbed

Bet. f.n.t.h.: M. Ancher 79
63,2 × 71 cm. Erhv. 1899

18

Blinde Kristian og Tine i sandet. 1880

Kristian, the blind man, and Tine in the dunes

Bet. f.n.t.v.: Michael Ancher Skagen
1880
59,8 × 95 cm. Erhv. 1904

19

Pogeskole i Skagen. (1881)

Boys' school at Skagen

Bet. f.n.t.h.: M:Ancher
38,8 × 34,6 cm. Olie på træ. Erhv.
1904

20*

Syg ung pige. 1883

A young woman ill in bed

Bet. f.n.t.h.: Michael Ancher 1883
81 × 90 cm. Gave 1968 fra Magasin
du Nord's jubilæumsfond

21

Gammel mand uden for sit hus en sommeraften. Fattig Kristian. (1883). Skitse til maleri tilh. Nasjonalgalleriet, Oslo

Old man outside his house on a summer evening. Sketch

Bet. f.n.t.v.: M Ancher–
43,5 × 70,5 cm. Erhv. 1888

22

Portræt af min hustru. Malerinden Anna Ancher, født Brøndum. 1884

Portrait of the artist's wife. The painter Anna Ancher

Bet. f.n.t.v.: Michael Ancher 1884.
183,3 × 119,8 cm. Erhv. 1892

23
Blinde Kristian som barnepige. 1885
Kristian, the blind man, minding a child
Bet. f.n.t.v.: Michael Ancher 1885.
126 × 103,6 cm. Erhv. før 1911

24
Maleren P. S. Krøyer. 1893
Portrait of the painter P. S. Krøyer
Bet. f.o.t.v.: P. S. KRØYER og t.h.: M. P. ANCHER 1893
50,4 × 34,7 cm. Erhv. 1894

OTTO BACHE 1839-1927
25
Karreheste. Paris. Skitse. (Ca. 1867)
Cart horses. Paris. Sketch
Bet. f.n.t.v.: OB
51 × 46,7 cm. Olie på pap. Erhv. 1947

26
I møllegården. Brødebæk vandmølle. 1876
At the mill farm. Brødebæk watermill
Bet. f.n.t.v.: Otto Bache 1876
39,4 × 51,3 cm. Erhv. 1877

27
Hestevæddeløb. 1880
Horse race
Bet. f.n.t.v.: Otto Bache 1880
14,2 × 23,7 cm. Olie på træ. Erhv. 1882

28
Kvæg i skoven. (1884)
Cattle in a wood
Bet. f.n.t.v.: Otto Bache
54,7 × 78,3 cm. Erhv. 1901

29
Ryttere. Studie. (1888)
Horsemen. Study
Bet. f.n.t.v.: Otto Bache
96,3 × 67 cm. Erhv. 1901

30
Arbejdsheste vandes henimod aften. Skitse
Work horses being watered towards the end of day. Sketch
Bet. f.n.t.v.: Otto Bache
28,7 × 48,8 cm. Erhv. 1902

31
H. B. Storck. Den Hirschsprungske Samlings arkitekt. Skitse til maleri tilh. Frederiksborgmuseet
Portrait of H. B. Storck, the architect who designed this museum. Sketch
Bet. f.n.t.h.: OB
20,4 × 17,5 cm. Erhv. 1927

WILHELM BENDZ
1804-1832
32
Selvportræt. (1821)
Portrait of the artist
29 × 24,7 cm. Erhv. 1901

33
Parti fra Nyhavn. Studie. (Ca. 1822)
Scene from Nyhavn. Study
19,1 × 21,5 cm. Erhv. 1901

34
Borgmester L. M. Bendz. Kunstnerens far. (Ca. 1823-24)
Lord Mayor L. M. Bendz. The artist's father
37,6 × 31,6 cm. Test. gave 1902 fra etatsrådinde Prebia Peters

35
Kunstnerens mor. (Ca. 1823-24)
Portrait of the artist's mother
37,3 × 31,5 cm. Erhv. 1904

36

Gl. Frederiksdals vandmølle.
(Ca. 1825)
Watermill at Gl. Frederiksdal
16,6 × 22,1 cm. Udst. 1902 som tilh.
H. Hirschsprung

37

Billedhuggeren Christen Christensen arbejdende efter levende model i sit værksted.
Skitse til maleri fra 1827, tilh.
Statens Museum for Kunst
The sculptor Christen Christensen in his studio working from the life. Sketch
23,8 × 21,1 cm. Erhv. 1900

38

Mette Sophie Fuglsang, født
Bendz. 1830
Portrait of Mette Sophie Fuglsang, née Bendz
Bet. f.n.t.h.: VBENDZ 18 6/5 30
23,4 × 20,7 cm. Erhv. 1901

39

Uden for Odense bys fattiggård. Skitse. (1830?)
Outside the Odense poorhouse.
Sketch
27,5 × 26,3 cm. Erhv. 1901

40

Bjerglandskab. (Ca. 1831)
Mountain landscape
28,9 × 33,9 cm. Erhv. 1904

41

Anatomen H. C. B. Bendz.
Kunstnerens bror
The anatomist H. C. B. Bendz.
The artist's brother
24,8 × 21 cm. Oval. Erhv. 1904

42

Vinterlandskab på Fyn
Winter landscape, Funen
25,2 × 31,3 cm. Olie på zink. Erhv.
1873

43*

Interiør fra Amaliegade med kunstnerens brødre
Interior from Amaliegade with the artist's brothers
32,3 × 49 cm. Erhv. 1901

NIELS BJERRE 1864–1942

44

Fra en folkehøjskoles foredragssal. Sorø højskole. 1890
From the lecture hall of a folk high school at Sorø
Bet. f.n.m.f. på en stol: Niels Bjerre
1890.
46,2 × 75 cm. Erhv. 1892

45

Have ved en vestjysk bondegård. 1891
The garden of a west Jutland farm
Bet. f.n.t.h.: Niels Bjerre 91.
47 × 73,5 cm. Erhv. 1932

CARL BLOCH 1834–1890

46

Skuespilleren Kristian Mantzius i sit studereværelse.
1853
The actor Kristian Mantzius in his study
Bet. f.n.t.v.: Carl Bloch. 1853
42,4 × 37,5 cm. RM 13. Erhv. 1901

47

Fiskerfamilier, som venter deres mænds hjemkomst ved et frembrydende uvejr. Jyllands vestkyst. 1858
Families of fishermen awaiting their return in an approaching storm. From the west coast of Jutland
Bet. f.n.t.h.: Carl Bloch 1858.
116 × 186 cm. RM 49. Erhv. 1869

48

Romersk gadebarber. 1864

A Roman street barber

Bet. f.n.t.v.: Carl Bloch Roma 1864.
71,3 × 60 cm. RM 99. Test. gave
1938 fra Ida Suhr

49

Maleren Wilhelm Marstrand.
1867

Portrait of the painter Wilhelm
Marstrand

Bet. f.o.t.v.: C Bloch pinxit 1867. og
t.h.: W. MARSTRAND. PICTOR DA-
NICUS.
60 × 48,3 cm. RM 133. Erhv. 1886

50

Gamle folk. 1874

Old people

Bet. f.n.t.h.: Carl Bloch 1874
42,1 × 55,4 cm. Olie på træ. RM 204.
Erhv. 1890

51

Landskab med hus og have
ved havet, aften. Ellekilde.
(Ca. 1880)

Evening landscape with a hou-
se and garden by the sea. Elle-
kilde

24,2 × 39,6 cm. RM 236. Erhv. 1890

DITLEV BLUNCK

1798–1854

52

Marinemaleren Anton Melbye

Portrait of the marine painter
Anton Melbye

Bet. f.n.t.h.: D:C:BLUNCK
104,1 × 81,4 cm. Erhv. 1894

JOHANNES LUDVIG
CAMRADT 1779–1849

53

Blomster i en vase

Vase of flowers

Påskrift på bagsiden: Camradt pinx
126,4 × 104,2 cm. Erhv. 1902

GODFRED
CHRISTENSEN

1845–1928

54

Frederik VII's høj ved Silke-
borg. 1865

Landscape near Silkeborg

Bet. f.n.t.v.: G C 1865 og t.h.: Vester-
skov
38 × 58,5 cm. RM 56. Erhv. 1902

55

Fra Herlufsholm, solskin. Stu-
die. 1876

Sunlit woodland scenery near
Herlufsholm. Study

Bet. f.n.t.v.: G. C. Herlufsholm. 1876
65 × 53,4 cm. RM 248. Erhv. 1888

56

Königssee. Bayern. 1877

Königssee. Bavaria

Bet. f.n.t.h.: Godfr: Christensen 1877
35,9 × 50,1 cm. RM 250. Udst. 1888
som tilh. H. Hirschsprung

57

Fra Pyrenæerne. Studie. 1878

Landscape from the Pyrenees.
Study

Bet. f.n.t.v.: G.C. 1878 og Luchon
31 × 41,7 cm. RM 268. Gave 1880
fra kunstneren til Pauline Hirsch-
sprung

58

Fra Frederiksværk. Donse
bakker. 1887

Landscape near Frederiksværk.
Donse bakker

Bet. f.n.t.v.: G.C. 87
41,2 × 60,8 cm. RM 395. Erhv. 1902

59

Humlebæk havn. 1887

The harbour at Humlebæk

Bet. f.n.t.v.: G.C. 1887.
32,2 × 44,9 cm. RM 399. Erhv. 1888

60

Munkebjerg ved Vejle. 1890

Landscape from Munkebjerg
near Vejle

Bet. f.n.t.h.: G.C. 90
62,7 × 92,2 cm. RM 443. Erhv. 1894

CHRISTIAN CLAUSEN

1862–1911

61

Den røde stue. (1887)

The red room

Bet. f.n.t.h.: CC (-monogram)
40 × 39,5 cm. Erhv. 1904

CARLO DALGAS

1821–1851

62

Aftenlandskab med en sten-dysse. Studie. (1844)

Evening landscape with a dol-men. Study

Bet. f.n.t.v.: C. Dalgas
13,7 × 21,3 cm. Udst. 1902 som tilh.
H. Hirschsprung

63

Stående sortbroget ko. Studie. 1845

Black and white cow. Study

Bet. f.n.t.h.: Aug. 1845.
21,2 × 32,7 cm. Olie på papir, opklæbet på lærred. Udst. 1902 som tilh.
H. Hirschsprung

64

Vogterdreng. Studie. (1845)

Shepherd boy. Study

22,2 × 10,4 cm. Udst. 1902 som tilh.
H. Hirschsprung

65

Får på en høj ved Skarritsø. (1845)

Sheep on a hill near Skarritsø

Bet. f.n.t.v.: C.D
70,2 × 100,2 cm. Erhv. 1872

66

Stående, sort og hvid ko. Studie. 1846

Black and white cow. Study

Bet. f.n.t.v.: Carlo Dalgas 1846
28 × 38,5 cm. Olie på papir, opklæbet på lærred. Udst. 1902 som tilh.
H. Hirschsprung

67

Hegn med brombærranker. Studie. 1846

Hedge with blackberry vines. Study

Bet. f.n.t.h.: C.D. Aug. 46
16,2 × 29,3 cm. Olie på papir, opklæbet på lærred. Udst. 1902 som tilh.
H. Hirschsprung

68

Et stående får. Studie. (1846)

A sheep. Study

26 × 31 cm. Udst. 1888 som tilh.
H. Hirschsprung

69

Kohoved. Studie

Head of a cow. Study

Bet. f.n.t.h.: CD. (-monogram)
10,1 × 8,4 cm. Olie på papir, opklæbet på pap. Test. gave 1922 fra Helga Guthmann

CHRISTEN DALSGAARD

1824–1907

70

Bondestue fra Store Heddinge-egnen. 1847

Sitting room of a farmhouse
near Store Heddinge

Bet. f.n.t.v.: CD (-monogram) 1847
26 × 42,3 cm. Olie på papir, opklæbet på lærred. Erhv. 1895(?)

71

Hellested præstegård. 1847

The vicarage at Hellested

Bet. f.n.t.v.: CD (-monogram) 1847
29 × 41,2 cm. Olie på papir, opklæbet på lærred. Erhv. 1902

72

Læsende pige fra Salling. 1851

Young woman from Salling reading

Bet. f.n.t.v.: C.D. Septbr. 1851.
48,4 × 34,6 cm. Olie på papir, opklæbet på lærred. Erhv. 1901

73*

En fiskers sovekammer. Studie. 1853

A fisherman's bedroom. Study

Bet. f.n.t.v.: C.D. Stbr. 1853
36 × 49 cm. Olie på papir, opklæbet på lærred. Erhv. 1902

74

Tømrerværksted. 1855. Studie til: Mormoner på besøg hos en tømrer på landet, tilh. Statens Museum for Kunst

A carpenter's workshop. Study

Bet. f.n.t.v.: Chr. Dalsgaard. 1855
37,5 × 51,1 cm. Erhv. 1901

75

Interiør fra et udhus. 1856. Studie til: Den hjemvendende artillerist, tilh. Aarhus Kunstmuseum

Genre scene from a fisherman's shack. Study

Bet. f.n.t.h.: C.D. 1856
34,2 × 47,8 cm. Erhv. 1901

76

Bødkerværksted. 1857. Studie til: Udpantning hos en landsbybødker, tilh. Statens Museum for Kunst

A cooper's workshop. Study

Bet. f.n.t.v.: CD. 1857.
38,1 × 50,9 cm. Erhv. 1901

77

Et par gamle jyske bønderfolk, der nyder nadverens sakramente i hjemmet. Skitse. 1858

An old Jutland farm couple recieving Holy Communion in their house. Sketch

Bet. f.n.t.v.: C.D. 1858
23,5 × 30 cm. Erhv. 1901

78

I en granskov. 1863

In the pine woods

Bet. f.n.t.v.: C D. 1863.
30,2 × 43,4 cm. Erhv. 1901

79

En rekonvalescent. 1870

The convalescent

Bet. f.n.t.h.: Chr. Dalsgaard. Sorø 1870.
52 × 44,5 cm. Erhv. 1871

80

»Mon han dog ikke skulle komme?« 1879

"Oh, won't he ever come?"

Bet. f.n.t.h.: Chr. Dalsgaard. Sorø 1879
55,8 × 45,3 cm. Erhv. 1879

A. DORPH 1831–1914

81

Ung fiskerkone, der venter sin mands hjemkomst fra søen. 1867

A fisherman's young wife awaiting her husband's return from the sea

Bet. f.n.t.h.: A. Dorph 1867.
75,5 × 55,8 cm. Erhv. 1867

N. V. DORPH 1862–1931

82

Sen sommeraften. 1898

Late summer evening

Bet. f.n.t.v.: NVD. 98
95,5 × 130 cm. Erhv. 1902

DANKVART DREYER
1816–1852

83

Skovsø omgivet af birke.
(Ca. 1837)
A forest lake surrounded by
birches
14,6 × 23,5 cm. Olie på papir, opklæ-
bet på pap. LS 30. Erhv. før 1911

84

Landskab. Skitse. (Ca. 1838)
Landscape. Sketch
10,1 × 24,1 cm. LS 39. Erhv. 1901

85

Marine. Regntung luft. Lille-
bælt. Studie. (1839?)
Seascape. Impending rain. Lille-
bælt. Study
17,2 × 23,5 cm. Olie på pap. LS 64.
Gave 1961 fra Paula Høegh-Guldberg

86

Vej over bakker. (Ca. 1842)
Path across the hills
28,3 × 40,7 cm. LS 115. Erhv. 1901

87

Rester af en dysse ved Lille-
bælt. (Ca. 1842)
Remains of a dolmen near Lille-
bælt
23,2 × 38,3 cm. Olie på papir, opklæ-
et på lærred. LS 124. Erhv. 1901

88

Kæmpehøj på Brandsø. Stu-
die. (Ca. 1842)
Barrow on the island of Brandsø.
Study
30,2 × 35,2 cm. Olie på papir, opklæ-
et på pap. LS 125. Erhv. 1901

89

Kæmpehøj på Brandsø.
Ca. 1842)
Barrow on the island of Brandsø
29,1 × 41 cm. Olie på pap. LS 127.
Erhv. 1901

90

Vestkysten af Jylland ved
Bovbjerg. Måneskin. (Ca. 1843)
The west coast of Jutland at
Bovbjerg. Moonlight
28,5 × 40,2 cm. LS 140. Erhv. 1901

91

Skovslette. (Ca. 1844)
Forest meadow
34,8 × 43,2 cm. Olie på papir, opklæ-
bet på pap. LS 147. Erhv. 1901

C. W. ECKERSBERG
1783–1853

92

Løvhytte i Sanderumgårds
have. 1807
An arbor in the park of the ma-
nor of Sanderumgård
Bet. f.n.t.v.: E. 1807.
60 × 81,6 cm. EH 22. Erhv. 1907

93

Udsigt nord for Kronborg.
(Ca. 1810)
View to the north from Kronborg
Castle, Elsinore
Bet. f.n.t.v.: E.
62,5 × 78 cm. EH 90. Test. gave 1950
fra Elise K. Wimmer

94

Tre spartanske drenge. 1812
Three boys from Sparta
Bet. f.n.t.v.: E. 1812.
81 × 63,8 cm. EH 114. Erhv. 1900

95

Parti af det indre af Colos-
seum. (1813–16)
View of the interior of the Colos-
seum
29,1 × 25,6 cm. EH 187. Erhv. 1895

96
Odysseus' hævn på frierne.
(1814)
Ulysses' revenge on Penelope's suitors
24 × 42,8 cm. EH 143. Erhv. 1900

97
Parti af kirken San Lorenzo fuori le Mura, Rom. (1815)
View of the Church of San Lorenzo fuori le Mura, Rome
46,3 × 32,3 cm. EH 161. Erhv. 1902

98
Modellen Maddalena. (1815?)
Tidligere benævnt Anna Maria von Uhden, født Magnani
Portrait of Maddalena, a model. Formerly identified as Anna Maria von Uhden, née Magnani
31 × 21,3 cm. EH 146. Erhv. 1871

99
Parti af Marmorkirkens ruin. Frederikskirken. (Ca. 1817)
View of the ruins of the "Marble Church". The Frederik's Church
39 × 26,7 cm. Erhv. 1901

100
Købmand Schmidt. 1818
Portrait of the merchant Schmidt
Bet. f.n.t.h.: E. 1818.
156,7 × 98,3 cm. EH 237. Erhv. 1900

101
Madam Schmidt. 1818
Portrait of Mrs. Schmidt
Bet. f.n.t.h.: $\frac{E.}{1818}$
157,5 × 97,5 cm. EH 238. Erhv. 1900

102
Købmand Joseph Raphael.
1824
Portrait of the merchant Joseph Raphael
Oprindeligt bet. på bagsiden: 1824 E.
80 × 65,1 cm. EH 322. Erhv. 1895

103
Udsigt mod Nyholm med kranen og nogle krigsskibe. 1826
A view towards the wharf at Nyholm with its crane and some men-of-war. Copenhagen
Bet. f.n.t.v.: E. 1826.
19,6 × 32,4 cm. EH 365. Erhv. 1884

104
»Das Mädchen aus der Fremde«. (Schiller). 1830
Bet. f.n.t.h.: 1830. E.
40 × 34,8 cm. Olie på træ. EH 422.
Gave 1924 fra konferensråd Linnemanns og hustrus arvinger

105
Udsigt fra færgebroen ved Kallehave til Koster. 1831
View towards Koster from the ferry pier at Kallehave
Bet. f.n.t.v.: 1831
23,2 × 33 cm. EH 443. Erhv. 1880

106
De Holm'ske børn. 1832
The Holm children
Bet. f.n.t.v.: E. 1832.
30,1 × 35,3 cm. EH 453. Erhv. 1902

107
Oprørt sø med korvetten Najaden. (1833)
The corvette "Najaden" in rough seas
24,5 × 34,8 cm. Olie på zink. EH 479
Erhv. 1886

108
Parti af dækket ved falderebet på en korvet. Matroser, der tager afsked med deres kærester. 1833
A view of the gangway of a corvette. Sailors take leave of their sweethearts
Bet. f.n.t.v.: E. 1833.
33,2 × 31,2 cm. EH 482. Gave 1963 fra Justitsministeriet

Katalog no. 7   *Anna Ancher: Pigen i køkkenet.* 1883 og 1886

109

Korvetten Najaden under sejl.
(1833–34)

The corvette "Najaden" under
sail

36,6 × 36 cm. EH 487. Erhv. 1901

110

Korvetten Najaden, som venter på fregatten Bellona i Sundet. 1835

The corvette "Najaden" in the
Sound awaiting the frigate "Bellona"

Bet. f.n.t.h.: E. 1835.
49 × 71,3 cm. EH 501. Erhv. 1887

111

Skibe under sejl i svag blæst.
1836

Ships under sail in a mild breeze

Bet. f.n.t.h.: E. 1836.
28 × 39,3 cm. EH 507. Erhv. 1891

112*

Udsigt fra Trekroner batteri med København i det fjerne.
1836

View from the "Trekroner" battery with Copenhagen in the
distance

Oprindeligt bet. f.n. på det ombøjede
lærred: E. 1836
21,5 × 30,5 cm. EH 509. Erhv. 1899

113

En jagt for indgående på København yderrhed. 1837

A sloop entering the Outer
Roads of Copenhagen

Bet. f.n.t.h.: E. 1837
39,5 × 49,3 cm. EH 528. Erhv. 1874

114*

Kvinde foran et spejl. (1837?)

Woman before a mirror

33,5 × 26 cm. EH 524. Erhv. 1895

115

En fregat, Galathea, der har prajet en engelsk lods i stiv kuling. (1839)

During a strong breeze the frigate "Galathea" has signalled an
English pilot

På bagsiden Eckersbergs beskrivelse af motivet. 47,8 × 63,6 cm. EH 541. Erhv. 1894

116

Ung pige i badekammeret.
(1840)

Young woman leaving her bath

Påskrift på bagsiden: Eckersberg
pinx 1839
30,4 × 18,3 cm. EH 549. Erhv. 1901

JULIUS EXNER

1825–1910

117

Kunstnerens søster. 1847

Portrait of the artist's sister

Bet. f.n.t.h.: Iulius Exner. 1847
94,7 × 67,7 cm. Erhv. før 1911

118

Amagerstue. 1853

Interior. Sitting room of a farmhouse at Amager

Bet. f.n.t.v.: JExner 1853.
46,3 × 61,9 cm. Erhv. 1872

119

Besøget hos bedstefar.
(Ca. 1853)

Visiting grandfather

Bet. f.n.t.h.: Exner.
27,4 × 35,3 cm. Olie på papir, opklæbet på lærred. Erhv. 1868

120

Stue i Hedebo-egnen. (1855)

Interior. Sitting room of a farmhouse in the Hedebo region

Bet. f.n.t.h.: Exner.
40,1 × 29 cm. Erhv. 1901

121

Lille pige, der lader en gammel mand lugte til en blomst. Studie. (Ca. 1856)

A little girl lets an old man sniff a flower. Study

Bet. f.n.t.h.: Exner.
23,1 × 27,3 cm. Olie på papir, opklæbet på lærred. Erhv. 1866

122

Slutningen af et gilde. 1860

The end of a party

Bet. f.n.m.f.: J Exner. 1860
116,8 × 154,8 cm. Erhv. 1883

123

Blindebuk. 1866

Blind man's bluff

Bet. f.n.t.h.: J. Exner. 1866.
82,3 × 118,5 cm. Erhv. 1902

124

Fanøstue. 1881

Interior. Sitting room on the island of Fanø

Bet. f.n.t.h.: Exner-1881. Fanö
39,9 × 52,8 cm. Erhv. 1901

125

Skipperstue. Fanø. 1887

Interior. Skipper's room on the island of Fanø

Bet. f.n.t.h.: J. Exner. 1887.
40,4 × 55,5 cm. Erhv. 1901

LUDVIG FIND 1869–1945

126

Sovekammerhjørne. Rekkende præstegård. 1890

Corner of the bedroom. The vicarage at Rekkende

Bet. f.n.t.v.: FIND 1890
59,5 × 43,5 cm. Gave 1946 fra kunstnerens børn

127

En ung mand. Den norske maler Thorvald Erichsen. 1897

Portrait of a young man. The Norwegian painter Thorvald Erichsen

Bet. f.n.t.v: FIND 97.
113 × 97,5 cm. Erhv. 1906

LORENZ FRØLICH
1820–1908

128

Billedhuggeren C.C. Peters. (1851)

Portrait of the sculptor C. C. Peters

67,5 × 50,7 cm. Oval. Test. gave 1915 fra etatsrådinde Prebia Peters

129

Italienske bønder. 1860

Italian peasants

Bet. f.n.t.h.: L. Frølich og ca. midtpå: LF (-monogram) 1860
16,3 × 21,7 cm. Erhv. 1872(?)

130

Grisesti

Pigsty

Bet. f.n.t.h.: Frølic(h)
19,2 × 24,3 cm. Erhv. 1902

ALBERT GOTTSCHALK
1866–1906

131

Landskab. Samsø. 1886

Landscape. The island of Samsø

Bet. f.n.t.v.: Samsø 8/6 1886
31 × 41 cm. TA 51. Gave 1961 fra Ny Carlsbergfondet

132

Gade i Helsingborg. 1888

Street in Helsingborg, Sweden

Bet. f.n.t.h.: Liden. 1888 AG. (-monogram)
41,8 × 56,5 cm. TA 89. Erhv. 1957

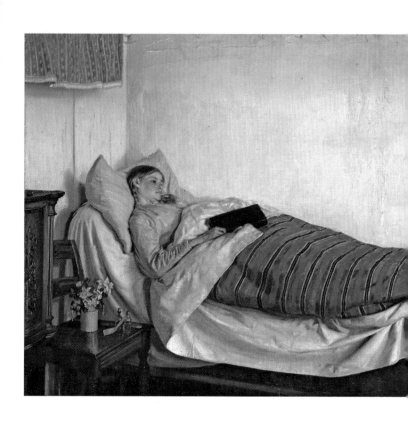

Katalog no. 20   *Michael Ancher: Syg ung pige.* 1883

Katalog no. 73 *Christen Dalsgaard: En fiskers sovekammer.* 1853

133

Landskab. Halland. (1890)

Landscape. Halland, Sweden

32,1 × 26 cm. TA 121. Erhv. før 1911

134

Fra Frederiksberg Bakke. Vinter. (1894)

View from Frederiksberg Bakke. Winter

45,8 × 65 cm. TA 200. Erhv. 1976 for arv efter frk. Bl. Toustrup

135

Nøgne træer ved en italiensk havemur. (1904)

An Italian garden in winter

35,5 × 50,2 cm. TA 316. Erhv. 1907

NICOLAI HABBE

1827–1889

136

Bondestue. 1847

Interior. The sitting room of a farmhouse

Bet. f.n.t.v.: 1847 Habbe
23,1 × 23,4 cm. Udst. 1902 som tilh.
H. Hirschsprung

H. J. HAMMER 1815–1882

137

Italiensk landskab. Ariccia. 1873

Italian landscape near Ariccia

Bet. f.n.t.h.: H J Hammer. 1873
31,6 × 41,4 cm. Erhv. 1874

VILHELM HAMMERSHØI

1864–1916

138

Svend Hammershøi. Kunstnerens bror. (1881)

Svend Hammershøi. The artist's brother

15,1 × 13 cm. AB 1. Test. gave 1955 fra Anna Hammershøi

139*

Ung pige. Kunstnerens søster Anna Hammershøi. (1885)

Portrait of a young woman. The artist's sister, Anna Hammershøi

112 × 91,5 cm. AB 28. Erhv. 1896

140

Gammel kone stående ved et vindue. (1885)

Old woman standing by a window

37 × 34,7 cm. AB 36. Erhv. 1896

141

Landskab. Gundsømagle ved Roskilde. (1885)

Landscape. Gundsømagle near Roskilde

30 × 41,8 cm. AB 31. Erhv. 1955

142

Gammel kone, siddende. (1886)

Old woman seated

69,7 × 56,7 cm. AB 42. Erhv. 1888

143

Job. (1887)

Billedet er stærkt eftermørknet
168 × 126,5 cm. AB 54. Gave 1956 fra Anna Hammershøis dødsbo

144

Maleren Kristian Zahrtmann. (1889). Studie til maleri tilh. Statens Museum for Kunst

Portrait of the painter Kristian Zahrtmann. Study

45,3 × 32,3 cm. AB 80. Gave 1955 fra skibsmægler Hjalmar Bruhn og hustru

145

Søndermarken ved vintertid. (1895–96)

The Søndermarken park in winter. Copenhagen
33,2 × 64,8 cm. AB 152. Erhv. 1897

146
Stue i Louis XVI stil. Interiør fra kunstnerens bolig, Rahbeks Allé. (1897)
Interior in Louis Seize style. From the artist's home at Rahbeks Allé
51,3 × 66,5 cm. AB 151. Erhv. 1904

147
Interiør med ung læsende mand. (1898)
Interior with a young man reading
64,4 × 51,8 cm. AB 180. Erhv. 1898

148
Interiør med ung pige, der fejer. (1899)
Interior with a young woman sweeping
50,2 × 40,3 cm. AB 191. Udst. 1902 som tilh. H. Hirschsprung

149
Daniel Jacobson Salter. (1901)
Portrait of Daniel Jacobson Salter
Bet. t.h. over skulderen: VH
55 × 43 cm. AB 211. Erhv. 1909

CONSTANTIN HANSEN
1804–1880

150
Medaljør Christen Christensen. (1831)
Portrait of the medallist Christen Christensen
55,1 × 47,1 cm. EH A48. Test gave 1911 fra maleren A. Mackeprang

151
Geheimekonferensråd Jonas Collin. (1831)
Portrait of Jonas Collin
41,1 × 33,8 cm. EH A53. Erhv. 1898

152
Lone Heilmann. (1831?)
Portrait of Lone Heilmann
22,8 × 18,5 cm. EH A61. Erhv. 1900

153
Bonde fra Sora. (1836)
A Sora peasant
Bet. f.o.t.v.: Const. H.
16,4 × 15,7 cm. Olie på papir, opklæbet på lærred. EH A96. Erhv. før 1911

154
Et hoved. Egnen ved Valmontone. Studie. (1836)
Study of a head. The Valmontone region
26,4 × 20,8 cm. Olie på papir, opklæbet på lærred. EH A99. Udst. 1902 som tilh. H. Hirschsprung

155
Vesta-templet med dets omgivelser. Piazza Bocca della Verità. Rom. (1836). Studie til maleri tilh. Statens Museum for Kunst
The Temple of Vesta. Piazza Bocca della Verità, Rome. Study
35,6 × 50 cm. Olie på papir, opklæbet på lærred. EH A104. Erhv. 1873

156
Scene på Molo'en i Napoli. En oplæser af Orlando Furioso, omgivet af sine tilhørere. (1838). Studie til maleri tilh. Statens Museum for Kunst
Scenery from the Molo in Naples with a man reciting "Orlando Furioso" to an audience. Study
39,9 × 58 cm. Olie på papir, opklæbet på lærred. EH A144. Erhv. 1899

Katalog no. 43   *Wilhelm Bendz: Interiør fra Amaliegade med kunstnerens brødre*

Katalog no. 112   *C. W. Eckersberg:*
Udsigt fra Trekroner batteri med København i det fjerne. 1836

157

Italiensk gejstlig. (1838). Studie til samme maleri som kat. no. 156

An Italian priest. Study

29,8 × 19,1 cm. Olie på papir, opklæbet på lærred. EH A146. Erhv. 1873

158

Fiskerdreng fra Capri. Studie. (1839)

A Capri fisherman's boy. Study

23,8 × 20 cm. Olie på papir, opklæbet på lærred. EH A184. Udst. 1902 som tilh. H. Hirschsprung

159

Prometheus danner mennesket af ler. (1845). Skitse til freske i Københavns Universitets forhal

Prometheus creating man in clay. Sketch for the fresco in the entrance hall of the University of Copenhagen

53,3 × 45 cm. Olie på papir, opklæbet på lærred. EH B4c. Erhv. 1900

160

Badende og legende drenge. 1853

Boys bathing and playing

Bet. f.n.t.v.: CH 1853 VEILE
39 × 54,4 cm. EH A291. Erhv. 1901

161

Landskab. Bagsværd sø. Studie. (1854)

Landscape. Lake Bagsværd. Study

23,3 × 36,6 cm. Olie på papir, opklæbet på lærred. EH A309. Erhv. 1901

162

Mor med barn, der rækker efter hovedet til sin dukke. Kunstnerens hustru og datter. Skitse. (1860)

Mother with her child reaching for the head of a doll. The artist's wife and daughter. Sketch

30 × 28 cm. EH A397. Erhv. 1901

163

Den grundlovgivende rigsforsamling. (1860). Tredie udkast til maleri tilh. Frederiksborgmuseet

The National Assembly responsible for the Danish Constitution of 1849. Study

42,5 × 54,5 cm. EH A403. Erhv. 1901

164

Arkitekten M. G. Bindesbøll. (1867). Gentagelse af maleri tilh. Thorvaldsens Museum

Portrait of the architect M. G. Bindesbøll

60,1 × 48,5 cm. EH A508. Erhv. 1886

165

En ung pige. Studie

Portrait of a young woman. Study

16,8 × 15,5 cm. Olie på papir, opklæbet på træ. Erhv. 1930

HANS NIKOLAJ HANSEN 1853–1923

166

Den blinde ledes over heden. 1888

Blind man guided across the heath

Bet. f.n.t.v.: H. N. H. Falsterbo 88. 42,5 × 70,9 cm. Udst. 1902 som tilh. H. Hirschsprung

PETER HANSEN 1868–1928

167

Frederiksberg Bakke. (1901)

Frederiksberg Bakke. Copenhagen

Bet. f.n.t.h.: PH. 45 × 63,5 cm. Erhv. 1954

OTTO HASLUND

1842–1917

168

***Ærø vesterstrand.** Studie.
(1866)*

*The west beach of the island of
Ærø. Study*

29,2 × 49,5 cm. Gave 1941 fra kunst-
handler Ole Haslund

AXEL HELSTED

1847–1907

169

***Italiensk genrebillede.** 1872*

Italian genre scene

Bet. f.n.t.v.: Axel Helsted. Capri.
1872. 76,6 × 97,9 cm. Erhv. 1888

ERIK HENNINGSEN

1855–1930

170

***Summum jus, summa injuria.
Barnemordet.** 1886*

*Summum jus, summa injuria.
The murder of a child*

Bet. f.n.t.v.: Erik H pinx 1886.
78,5 × 117 cm. Erhv. 1887

FRANTS HENNINGSEN

1850–1908

171

***På fodtur. Jylland.** 1877*

Walking trip. Jutland

Bet. f.n.t.h.: FH 1877
63,5 × 95 cm. Erhv. 1877

172

***Strandparti. Hornbæk.** 1883*

View of a beach. Hornbæk

Bet. f.n.t.v.: FH (-monogram) Horn-
bæk 1883
52,8 × 41,6 cm. Gave fra kunstneren
1890

173

***Aftenstemning. Sæden køres
ind.** 1886*

*Nocturne. Bringing in the har-
vest grain*

Bet. f.n.t.h.: FH (-monogram) 86
47 × 62,7 cm. Pastel på lærred. Udst.
1888 som tilh. H. Hirschsprung

HARALD HOLM

1866–1920

174

***Levkøjer.** 1892*

Stocks

Bet. f.n.t.h.: Enrum 92 Harald Holm.
42,2 × 52,5 cm. Erhv. 1900

PETER ILSTED

1861–1933

175

***Et flaskeskylningsrum til et
apotek.** 1889*

*Bottle-cleaning room at a
chemist's*

Bet. f.n.t.v.: Peter Ilsted 1889
53,5 × 43 cm. Erhv. 1906

VALDEMAR IRMINGER

1850–1938

176

***En barnesjæl.** 1896*

The soul of a child

Bet. f.n.t.h.: VI. (-monogram) 96.
94 × 110,6 cm. Erhv. 1897

DAVID JACOBSEN

1821–1871

177

Billedhuggeratelier i Paris

A sculptor's studio in Paris

Stemplet f.n.t.v.: D.J.
40,5 × 59 cm. Anonym gave 1925

Katalog no. 114   *C. W. Eckersberg: Kvinde foran et spejl.* (1837?)

Katalog no. 186   *C. A. Jensen: Elise Magens.* (1836?)

C. A. JENSEN
1792–1870

178

Professor J. F. Schouw. 1823

Portrait of Professor J. F. Schouw

Bet. t.v. over skulderen: Jen(s)en 1823
21,9 × 16,7 cm. Olie på kobber. SS 45. Gave 1961 fra Københavns Kommune

179

Cathrine Jensen, født Lorenzen. Kunstnerens hustru. (Ca. 1825)

Portrait of Cathrine Jensen, née Lorenzen. The artist's wife

47,8 × 38,3 cm. SS 76. Erhv. 1900

180

Susette Dalgas, senere gift med J. F. Schouw. 1826

Portrait of Susette Dalgas, later the wife of J. F. Schouw

Bet. t.v. over skulderen: C. A. Jensen 1826
21,9 × 16 cm. SS 93. Gave 1961 fra Københavns Kommune

181

Ida Frederikke Broberg, født Gotschalk. 1835

Portrait of Mrs. Ida Frederikke Broberg, née Gotschalk

Bet. f.n. langs h. side: Jensen, pinxit 1835.
38,4 × 38,9 cm. SS 314. Gave 1965 fra Forsørgelsesforeningen og Sparekassen Bikuben

182

Malthe Magens. (1835?)

Portrait of Malthe Magens

Påskrift langs v. side: C. A. Jensen 1831
23,5 × 19,1 cm. SS 285. Erhv. 1899

183

Professor J. F. Schouw. 1836

Portrait of Professor J. F. Schouw

Bet. langs stoleryggen t.h.: Jen(s)en. 1836.
23,4 × 18,9 cm. SS 303. Erhv. 1897

184

Peter Magens. (1836?)

Portrait of Peter Magens

Påskrift f.o.t.h.: C. A. Jensen 1831
23,5 × 19,1 cm. SS 286. Erhv. 1899

185

Jacobine Magens. (1836?)

Portrait of Jacobine Magens

Påskrift f.n.t.h.: C·A· Jensen. 1831
23,1 × 19,2 cm. SS 287. Erhv. 1899

186*

Elise Magens. (1836?)

Portrait of Elise Magens

Påskrift f.o.t.h.: C. A Jensen 1831
23,5 × 18,9 cm. SS 288. Erhv. 1899

187

Den norske maler J. C. Dahl. 1842

Portrait of the Norwegian painter J. C. Dahl

Bet. t.v.: C. A. Jensen 1842.
63,1 × 52,5 cm. SS 360. Erhv. 1902

188

N. S. F. Grundtvig. 1843

Portrait of N. S. F. Grundtvig, clergyman, writer and educator

Bet. f.n.t.v.: Jensen. 1843.
66,7 × 53 cm. SS 371. Erhv. 1902

KARL JENSEN 1851–1933

189

Landskab. Næstvedegnen. (Ca. 1883). Studie til maleri tilh. Statens Museum for Kunst

Landscape. Næstved. Study

Bet. f.n.t.v.: KJ.
37,4 × 54,8 cm. Erhv. 1901

AUGUST JERNDORFF
1846–1906

190

C. G. Kuntze med sin søn.
(1871)

Portrait of C. G. Kuntze with his son

87,5 × 68,1 cm. Oval. HCC 48. Erhv. 1922

191

Udsigt over Roskilde fjord.
1872

View of Roskilde fjord

Bet. f.n.t.v.: 18 AJ (-monogram) 72
25 × 27 cm. HCC 75. Erhv. 1913

192

Åbredden. Aarhus. 1873

A river bank. Aarhus

Bet. f.n.t.h.: 18 A J (-monogram) 73
39,3 × 51,5 cm. HCC 84. Udst. 1874
som tilh. H. Hirschsprung

193

Ellen Hirschsprung. Stifterens datter. 1875

Portrait of Ellen Hirschsprung. The founder's daughter

Bet. f.n.t.h.: AJ (-monogram) 1875
36,8 × 52,3 cm. HCC 93. Gave 1966
fra proprietær Gunnar Brünniche.
Har tidligere tilh. samlingen

194

Ung kvinde, halvt draperet.
1878

Young woman partially draped

Bet. f.n.t.v.: AJ (-monogram) Roma 1878.
89,8 × 60 cm. HCC 128. Erhv. 1878

195

Solnedgang. Venedigs havn.
1879

Sunset. The harbour of Venice

Bet. f.n.t.h.: 18 AJ (-monogram) 79

18,7 × 33,5 cm. HCC 143. Udst. 1879
som tilh. Pauline Hirschsprung

196

Udsigt over bugten ved Båstad. 1894

View of the bay at Båstad, Sweden

Bet. f.n.t.v.: Sept AJ (-monomgram)
94.Båstad.
28,8 × 44,6 cm. HCC 286. Erhv. 1904

197

Maleren Otto Haslund. 1894

Portrait of the painter Otto Haslund

Bet. f.o.t.h.: AJ. (-monogram) fec 1894.
49,4 × 34,5 cm. HCC 301. Erhv. 1904

198

Stenet skråning. Udsigt til Skälderviken ved Kullen. 1896

Rocky cliffside. View towards Skälderviken near Kullen, Sweden

Bet. f.n.t.h.: AJ (-monogram) 1896 Haga.
28,9 × 45,4 cm. HCC 319. Erhv. 1897

HENRIK JESPERSEN
1853–1936

199

Diset efterårsdag. Ansager Hede. 1889

Hazy autumn day. Ansager Hede

Bet. f.n.t.h.: Henrik J.1889.
46,5 × 72,5 cm. Erhv. 1890

FRIDOLIN JOHANSEN
1868–1908

200

Bag amtsforvalterens have i Hillerød. (1885 eller 1886)

Behind the County Comptroller's garden at Hillerød

33,5 × 29 cm. Erhv. 1940

Katalog no. 139   *Vilhelm Hammershøi: Ung pige.* (1885)

VIGGO JOHANSEN
1851–1935

201
Et måltid. 1877
Mealtime
Bet. f.n.t.h.: V.J.77
48 × 44,5 cm. Erhv. 1877

202
Køkkeninteriør med kunstne-rens hustru. 1884
Kitchen interior with the artist's wife
Bet. f.n.t.h.: V Johansen. 1884.
42,3 × 34,2 cm. Erhv. 1886

203
Sovekammer. 1885
Bedroom interior
Bet. f.n.t.h.: V. Johansen 1885 Repr: (reprise)
50,2 × 45,5 cm. Erhv. 1886

204
Gamle huse i Skagen. 1887
Old houses at Skagen
Bet. f.n.t.h.: Viggo Johansen. 1887.
66 × 96 cm. Erhv. 1890

205
»Glade jul«. 1891
''Merry Christmas''
Bet. f.n.t.v.: V. Johansen. 1891.
127,2 × 158,5 cm. Erhv. 1894

206
Lille pige med gæs. 1896
A little goosegirl
Bet. f.n.t.v.: VJohansen. 1896.
69,3 × 63,8 cm. Erhv. 1897

207
De tre små. Afteninteriør. (1898)
The three little ones. Evening interior
46,2 × 42,7 cm. Erhv. 1900

ANTON EDVARD KIELDRUP 1827–1869

208
Fra Furesøen. Studie. 1853
View from Furesø lake. Study
Bet. f.n.t.h.: AEK (-monogram) 53
14,4 × 19,9 cm. Erhv. 1901

209
Fra Furesøen. Studie. 1853
View from Furesø lake. Study
Bet. f.n.t.h.: AEK (-monogram) 53
14,4 × 19,3 cm. Erhv. 1901

210
Grusgrav ved jysk fjord. (1853)
Gravel pit by a Jutland fjord
24,4 × 35,7 cm. Olie på papir, opklæbet på lærred. Udst. 1902 som tilh. H. Hirschsprung

211
Septemberdag. Farum. 1864
September day. Farum
Bet. f.n.t.h.: AEK (-monogram) 64.
37 × 52,7 cm. Erhv. 1901

212
Skovvej langs en sø. Farum. Studie. (1864)
A path in the woods along a lake. Farum. Study .
18,4 × 27,4 cm. Olie på papir, opklæbet på lærred. Erhv. 1901

HANS KNUDSEN
1865–1947

213
Solskinsdag først i september. 1900
Sunny day early September
Bet. f.n.t.h.: H. Knudsen 1900
63,2 × 89,5 cm. Erhv. 1901

214

Sommerdag sidst i august.
Ellemose ved Brønshøj. 1901

Summer day in late August.
Ellemose near Brønshøj

Bet. f.n.t.h.: H Knudsen 1901
37,5 × 76 cm. Udst. 1902 som tilh.
H. Hirschsprung

VALDEMAR KORNERUP

1865–1924

215

Almuebryllup i Vartov kirke.
1886

*A wedding of humble people in
the Vartov Church.* Copenhagen

Bet. f.n.t.h.: Vald: Kornerup Vartov
1886.
55,7 × 81,7 cm. Erhv. 1887

C. G. KRATZENSTEIN-STUB 1783–1816

216

Selvportræt. 1808

Portrait of the artist

Bet. t.h.: d. 30. August 1808
20,5 × 16,5 cm. Oval, olie på papir,
opklæbet på karton. Erhv. 1900

217

M. S. A. de la Calmette, født
Mackeprang. 1814

*Portrait of Mrs. M. S. A. de la Cal-
mette,* née Mackeprang

Bet. t.v.: Kratzenstein-Stub px 1814.
147,5 × 102 cm. Test. gave 1911 fra
maleren A. Mackeprang

218

Kunstnerens hustru. (1814)

Portrait of the artist's wife

24,3 × 18,7 cm. Oval, olie på mes-
sing. Erhv. 1900

219

Ossian og Alpins søn. (18
Skitse til maleri tilh. State
Museum for Kunst

Ossian and Alpin's son. Sket

Bet. f.n.t.h.: Kr-Stub pinx
44,4 × 34 cm. Erhv. 1874

P. S. KRØYER 1851–19

220

*Professorinde Birthe Cec
Krøyer,* født Gjesdahl. Ku
nerens moster og adoptivn
1868

*Portrait of Birthe Cecilie Krø
née Gjesdahl, the artist's a
and adoptive mother*

Bet. f.o.t.h.: P.S.Kr. Aug.1868.
37,5 × 29,5 cm. HCC 9. Test. ⬤
1977 fra generalkonsul Erik F
scher og hustru

221

Maleren Frans Schwartz. ⬤

*Portrait of the painter Frans
Schwartz*

Bet. f.o. og f.n.t.h.: Kröyer 1871
60,5 × 54,2 cm. HCC 46. Erhv.

222

Hornbækfisker. 1875

A Hornbæk fisherman

Bet. f.n.t.h.: Kröyer Hornbæk 75
28,8 × 21,3 cm. Olie på træ.
124. Gave 1970 fra Agathe og H
Neye

223

Lille pige fra Hornbæk. 18

Little girl from Hornbæk

Bet. f.n.t.h.: SK (-monogram) Ho
bæk 75
21,4 × 16,5 cm. Olie på karton.
126. Erhv. 1875

224

Smedien i Hornbæk. (1875

The smithy at Hornbæk

91 × 118,7 cm. HCC 127. Udst.
som tilh. H. Hirschsprung

225

Morgen ved Hornbæk. 1875.
Skitse til kat. no. 230

Morning at Hornbæk. Sketch for
cat. no. 230

Bet. f.n.t.h.: SK (-monogram) Horn-
bæk 19 Aug 1875
21 × 34,7 cm. HCC 141. Erhv. 1902

226

*Morgen ved Hornbæk. Mænd
og kvinder, der handler.* (1875).
Skitse til kat. no. 230

*Morning at Hornbæk. Men and
women bargaining.* Sketch for
cat. no. 230

22,2 × 39,8 cm. HCC 142. Erhv. 1902

227

*Morgen ved Hornbæk. To fi-
skere, som bærer en kurv sild.*
(1875). Skitse til kat. no. 230

*Morning at Hornbæk. Two fisher-
men carrying a wicker basket
with herring.* Sketch for cat. no.
230

30 × 36,5 cm. HCC 143. Erhv. 1902

228

*Morgen ved Hornbæk. Fiskere
og koner, der haler en båd i
land.* (1875). Skitse til kat. no.
230

*Morning at Hornbæk. Fishermen
and women beaching a boat.*
Sketch for cat. no. 230

35,7 × 41,8 cm. HCC 144. Erhv. 1902

229

*Morgen ved Hornbæk. Fem
kvinder og en mand knælende
på sandet ved sildekurve.*
(1875). Skitse til kat. no. 230

*Morning at Hornbæk. Five wo-
men and a man kneeling by her-
ring baskets in the sand.* Sketch
for cat. no. 230

30,5 × 39,3 cm. HCC 145. Erhv. 1902

230

*Morgen ved Hornbæk. Fisker-
ne kommer i land.* (1875)

*Morning at Hornbæk. The return
of the fishermen*

102,7 × 161,5 cm. HCC 146. Erhv.
1898

231

Gammel Hornbækfisker. 1876

*Portrait of an old Hornbæk
fisherman*

Bet. f.n.t.h.: SK - 76 Hornbæk
24,1 × 17,8 cm. Olie på træ. HCC
148. Gave 1958 fra Forsørgelses-
foreningen og Sparekassen Bikuben

232

*Hornbækfiskere på silde-
fangst, tidlig morgen.* Studie.
(1876)

*Hornbæk fishermen out for her-
ring in the early morning.* Study

22,4 × 31 cm. HCC 156. Erhv. 1891

233

Modelstudie. Kvinde. Bonnat's
atelier, Paris. (1877)

Study of a young female nude.
Bonnat's studio, Paris

71,5 × 27,5 cm. HCC 164. Erhv. efter
1911

234

Modelstudie. Mand. Bonnat's
atelier, Paris. (1879)

Study of a male nude. Bonnat's
studio, Paris

78,5 × 32,7 cm. HCC 212. Erhv. efter
1911

235

Modelstudie. Mand. Bonnat's
atelier, Paris. (1879)

Study of a male nude. Bonnat's
studio, Paris

43,1 × 48,7 cm. HCC 213. Erhv. efter
1911

236

*Italienske landsbyhattemage-
re.* 1880

Italian village hatters
Bet. f.n.t.h.: SKröyer Sora – 80.
135,3 × 107 cm. HCC 242. Test. gave
1901 fra Jenny Adler

237
Nannina. En neapolitansk blomstersælgerske. 1880
Nannina. An Italian flowergirl
Bet. f.o.t.h.: S Kröyer Napoli
Decbr.-80 og f.o.t.v.: Nannina
75,8 × 63,5 cm. HCC 250. Udst. 1881
som tilh. H. Hirschsprung

238
Det Hirschsprungske familie-billede. 1881
The Hirschsprung family portrait
Bet. f.n.t.h.: S Krøyer 1881
109,5 × 135 cm. HCC 260. Bestilt
1881

239
I købmandens bod, når der ikke fiskes. 1882. Skitse til kat. no. 240
At the grocer's store when there is no fishing. Sketch for cat. no. 240
Bet. f.n.t.v.: SK 26de Juni 82
37 × 47,3 cm. HCC 270. Udst. 1902
som tilh. H. Hirschsprung

240
I købmandens bod, når der ikke fiskes. 1882
At the grocer's store when there is no fishing
Bet. f.n.t.v.: S Krøyer Skagen. 82.
79,5 × 109,8 cm. HCC 271. Gave
1959 fra Konsul George Jorck og Hu-
stru Emma Jorck's Fond

241
Marine. Skagen. 1882
Seascape from Skagen
Bet. f.n.t.h.: SK Skagen 12te Sepbr 82
32,5 × 52 cm. Gave 1974 fra Karen
M. Friis

242
Maren Sofie. 1883
Bet. f.n.t.v.: SK Skagen -83 og f.o.:
Maren Sofie
37 × 28 cm. Pastel på papir. Udst.
1888 som tilh. H. Hirschsprung

243
Maren Sofie. 1883
Bet. f.n.t.h.: SKrøyer Skagen -83 og
f.o.: Maren Sofie
37 × 25,5 cm. Pastel på papir. Udst.
1888 som tilh. H. Hirschsprung

244
Sommerdag ved Skagens Søn-derstrand. 1884
Summer day at the south beach of Skagen
Bet. f.n.t.h.: SKrøyer Skagen 84
154,5 × 212,5 cm. HCC 324. Gave
1961 fra Konsul George Jorck og Hu-
stru Emma Jorck's Fond

245
Skagboere går ud på nattefi-skeri. Stille sommeraften. 1884
Fishermen at work. Calm sum-mer evening. Skagen
Bet. f.n.t.v.: SK.Skagen 84.
40,2 × 63,7 cm. HCC 331. Erhv. 1894

246
Marie. 1886
Bet. f.o.t.v.: SK Luchon -86 og f.o.t.h.:
Marie
32 × 25,2 cm. Pastel på papir. Udst.
1888 som tilh. H. Hirschsprung

247
Jean. 1886
Bet. f.n.t.v.: SK Luchon -86 og f.o.t.h.:
Jean
32 × 25 cm. Pastel på papir. Udst.
1888 som tilh. H. Hirschsprung

248
Leonie. 1886
Bet. f.o.t.v.: SK Luchon -86 og f.o.t.h.:
Leonie
32,5 × 25 cm. Pastel på papir. Udst.
1888 som tilh. H. Hirschsprung

249

Musik i atelieret. 1887
Music in the studio
Billedet er eftermørknet
Bet. f.n.t.h.: S.Krøyer -87
92 × 105,5 cm. HCC 379. Erhv. 1887

250

Parti fra Brøndums have. 1887
*Garden view, Brøndum's Hotel.
Skagen*
Bet. f.n.t.h.: SK SKagen -87
25 × 35,3 cm. Olie på træ. HCC 384.
Gave 1954 fra skibsmægler Hjalmar
Bruhn og hustru

251

Maleren Thorvald Niss. 1887
*Portrait of the painter Thorvald
Niss*
Bet. f.o.t.v.: Skagen 14 Septbr 87 og
f.n.t.h.: Til Constance Niss fra P S
Krøyer
35,5 × 25 cm. Olie på træ. HCC 394.
Gave 1960 fra skibsmægler Hjalmar
Bruhn og hustru

252

*Komiteen for den franske
kunstudstilling i København
1888.* (1888). Skitse til maleri
tilh. Ny Carlsberg Glyptotek
*The committee for the French
art exhibition in Copenhagen in
1888.* Sketch
73 × 100 cm. HCC 407. Erhv. 1890

253

*Komiteen for den franske
kunstudstilling i København
1888.* 1889. Karton til maleri
tilh. Ny Carlsberg Glyptotek
*The committee for the French
art exhibition in Copenhagen in
1888.* Cartoon
Bet. f.n.t.v.: P S Krøyer Paris 1889
136,5 × 215 cm (lysmål). Pastel og
kul på papir. Erhv. før 1911

254

Interiør. Kunstnerens hustru.
1889

Interior. The artist's wife
Bet. f.o.t.h.: Til Marie og f.n.t.h.:
SKrøyer Stenbjerg Septbr 1889
35,2 × 24,8 cm. Olie på træ. HCC
422. Erhv. 1960 med støtte fra kunst-
venner

255

Gade i Torello. (1890). Studie til
maleri tilh. Statens Museum
for Kunst
Street scene in Torello. Study
24 × 17,3 cm. Olie på træ. HCC 431.
Erhv. 1891

256

Vinstue. Ravello. 1890
Osteria. Ravello
Bet. f.n.t.h.: S. Krøyer Ravello -90
48,3 × 60,3 cm. HCC 443. Erhv. 1890

257

Udsigt fra Ravello. 1890
View from Ravello
Bet. f.n.t.v.: Ravello. 90
29,5 × 50,3 cm. Olie på træ. HCC
444. Erhv. 1891

258

Fiskerbåde. Amalfi. 1890
Amalfi fishing boats
Bet. f.n.t.v.: SK Amalfi 4 Juli.90.
29,4 × 39,8 cm. Olie på træ. HCC
455. Erhv. 1890

259

*Amalfi strand. Badende dren-
ge.* (1890)
*The beach at Amalfi. Boys
swimming*
28,8 × 48,4 cm. HCC 457. Erhv. 1890

260

Arcangelone. 1890
Bet. f.o.: ARCANGELONE og f.n.t.v.:
SK Città d'Antino 24 Sept. 90
34,4 × 29,5 cm. Pastel på papir.
Udst. 1902 som tilh. H. Hirschsprung

261

Fra Città d'Antino. (1890)
Scene from Città d'Antino

23,8 × 33 cm. Olie på træ. HCC 464.
Erhv. 1891

262
Ved frokosten i Città d'Antino. 1890
Luncheon at Città d'Antino
Bet. f.n.t.v.: S Kroyer (sic) Città
d'Antino-90
41,5 × 52,5 cm. Pastel på papir.
Udst. 1902 som tilh. H. Hirschsprung

263
Kunstnerens hustru. Aften ved lampelys. 1890
The artist's wife. Evening scene by lamplight
Bet. f.o.t.h.: Til Agnes Slott-Møller fra
S. Krøyer og f.n.t.h.: SK 1890
53 × 33 cm. Pastel på papir. Erhv.
1939

264
Udenrigsminister, lensbaron Otto Ditlev Rosenørn-Lehn. 1891. Skitse til maleri tilh. Statens Museum for Kunst
Portrait of Baron Otto Ditlev Rosenørn-Lehn, minister of foreign affairs. Sketch
Bet. f.o.t.v.: SK Jan-91
33,7 × 26,5 cm. Olie på træ. HCC
473. Erhv. 1902

265
Hornbæk ved vintertid. 1891
Hornbæk in winter
Bet. f.n.t.h.: SK Hornbæk 9 Marts -91
40,8 × 50 cm. HCC 476. Erhv. 1891

266
Skuespilleren J. L. Phister. 1891. Skitse til maleri tilh. Det kgl. Teater
Portrait of the actor J. L. Phister. Sketch
Bet. f.n.t.h.: S Krøyer 28 Nvbr – 2
Dcbr -1891
42,2 × 32,3 cm. Olie på træ. HCC
492. Erhv. 1892

267*
Badende drenge. Solskin. Skagen. Studie. 1892
Sunshine at Skagen. Boys swimming. Study
Bet. f.n.t.h.: S K -92
33 × 40,5 cm. HCC 507. Erhv. 1973

268
Badende drenge. Solskin. Studie. (1892)
Sunshine with boys swimming. Study
23,7 × 33 cm. Olie på træ. HCC 509.
Erhv. 1894

269
Sommeraften på Skagens Sønderstrand. 1893
Summer evening at the south beach, Skagen
Bet. f.n.t.v.: S.Krøyer. SKAGEN-Juni
-93. Til Ida og S. Schandorph. Minde
om et Skagensbesøg.
38,5 × 60 cm. HCC 517. Erhv. 1901

270
Sommeraften på Skagens Sønderstrand. 1893
Summer evening at the south beach, Skagen
Bet. f.n.t.v.: Til fru Paul.(ine Hirsch-
sprung) 9de Juli 93 Erindring om et
Skagensbesøg. P S. Krøyer og f.n.t.h.:
SK.Skagen 8de Juli 93
27,8 × 45,8 cm. HCC 522. Gave 1893
fra kunstneren til Pauline Hirsch-
sprung

271*
Ved frokosten. Kunstneren og hans hustru med forfatteren Otto Benzon. Skagen. 1893
A luncheon. The artist and his wife with the writer Otto Benzon. Skagen
Bet. f.n.t.v.: S.Krøyer SKAGEN-93.
39,2 × 50 cm. Olie på træ. HCC 527.
Test. gave 1965 fa Ellen Benzon
Kunwald

272
Grosserer Georg Petersen.

1894. Studie til: Fra København's Børs
Portrait of the merchant Georg Petersen. Study

Bet. f.n.t.v.: SK Jan.94
147,5 × 79,3 cm. HCC 540. Erhv. 1896

273
Grosserer S. Seidelin. 1894. Studie til: Fra Københavns Børs
Portrait of the merchant S. Seidelin. Study

Bet. f.n.t.h.: SK Jan.-94
127 × 64 cm. HCC 544. Erhv. 1896

274
Bankdirektør Isak Glückstadt. 1894. Studie til: Fra Københavns Børs
Portrait of the banker Isak Glückstadt. Study

Bet. f.n.: SK Marts-94
116 × 61 cm. HCC 536. Gave 1963 fra Den danske Landmandsbank

275
Maleren Michael Ancher. 1894
Portrait of the painter Michael Ancher

Bet. f.n.t.h.: P S Krøyer Skagen-94
50,4 × 53 cm. HCC 547. Erhv. 1894

276
Digteren Holger Drachmann. (1895). Skitse til maleri tilh. Skagens Museum
Portrait of the poet Holger Drachmann. Sketch

43 × 31,8 cm. Olie på træ. HCC 567. Erhv. 1896

277
Digteren Holger Drachmann. (1895). Karton til maleri tilh. Skagens Museum
Portrait of the poet Holger Drachmann. Cartoon

164 × 133 cm. Kul og pastel på papir. Erhv. før 1911

278
Forfatteren Sophus Schandorph. 1895. Skitse til maleri tilh. Statens Museum for Kunst
Portrait of the poet and writer Sophus Schandorph. Sketch

Bet. f.n.t.h.: P.S.Krøyer 15-16 Novbr 95
43,2 × 32,3 cm. Olie på træ. HCC 569. Erhv. 1896

279
Selvportræt. 1897. Skitse til maleri tilh. udstillingskomiteen, Charlottenborg
Portrait of the artist. Sketch

Bet. f.n.t.h.: SK SKAGEN -97
40,9 × 31,6 cm. Olie på træ. HCC 591. Erhv. 1898

280
Et møde i Videnskabernes Selskab. 1897. Skitse til maleri tilh. Videnskabernes Selskab
A meeting in the Royal Danish Academy. Sketch

Bet. f.n.t.v.: S.Krøyer 97
71 × 136,6 cm. HCC 597. Erhv. 1898

281
Maleren Vilhelm Kyhn. 1898. Skitse til maleri tilh. udstillingskomiteen, Charlottenborg
Portrait of the painter Vilhelm Kyhn. Sketch

Bet. f.n.t.v.: S Krøyer Jan.98
61,2 × 51,4 cm. HCC 602. Erhv. 1898

282
Heinrich Hirschsprung. Samlingens stifter. 1898
Portrait of Heinrich Hirschsprung. Founder of the museum

Bet. f.n.t.v.: S Krøyer 29 Marts – 4 April 1898
92 × 85 cm. HCC 605. Erhv. 1898

283
Skagens-jægere. 1898. Karton til maleri tilh. Aarhus Kunstmuseum

Hunters at Skagen. Cartoon

Bet. f.n.t.h.: SK Skagen 98
136,5 × 246,5 cm (lysmål). Pastel på
papir. Erhv. før 1911

284

*Sommeraften ved Skagens
strand. Kunstneren og hans
hustru. 1899*

*Summer evening at the beach at
Skagen. The painter and his wife*

Bet. f.n.t.h.: P S Krøyer Skagen 1899
135 × 187 cm. HCC 648. Erhv. 1899

285

*Kritikeren og forfatteren
Georg Brandes. Skitse. (1900)*

*Portrait of Georg Brandes, critic
and writer. Sketch*

43 × 31,8 cm. Olie på træ. HCC 675.
Erhv. 1902

286

*Georg Brandes som fore-
dragsholder. (1900). Skitse til
maleri tilh. Frederiksborgmu-
seet*

*Portrait of Georg Brandes lectur-
ing. Sketch*

42,9 × 23,1 cm. Olie på træ. HCC
677. Erhv. før 1911

287

*Den norske forfatter Bjørn-
stjerne Bjørnson. 1901. Skitse
til maleri tilh. Nationaltheatret,
Oslo*

*Portrait of the Norwegian writer
Bjørnstjerne Bjørnson. Sketch*

Bet. f.n.t.v.: SK. 1901.
46,8 × 36,9 cm. HCC 708. Erhv. 1902

288

*Den norske forfatter Bjørn-
stjerne Bjørnson. (1901). Kar-
ton til maleri tilh. National-
theatret, Oslo*

*Portrait of the Norwegian writer
Bjørnstjerne Bjørnson. Cartoon*

157 × 107 cm (lysmål). Pastel og kul
på papir. Erhv. før 1911

289

Vinhøst. Sydtyrol. (1901)

Wine harvest. South Tirol

91 × 120,5 cm. Pastel og kul på pa-
pir. Gave (ca. 1965) fra kunstnerens
datter Vibeke Krøyer

290

*Den norske forfatter Jonas
Lie. Skitse. Paris. 1902*

*Portrait of the Norwegian writer
Jonas Lie. Sketch*

Bet. f.o.t.h.: P S Krøyer April 1902
35,4 × 41 cm. Olie på træ. HCC 710.
Erhv. før 1911

291

*Digteren Holger Drachmann i
Skagens plantage. (1902)*

*Portrait of the poet Holger
Drachmann in the pine planta-
tion at Skagen*

32,5 × 40,8 cm. Olie på træ. HCC
715. Erhv. 1903

292

*Udsigt fra Københavns Råd-
hus. 1902. Studie til kat. no.
293*

*View from the Copenhagen
Town Hall. Study for cat. no. 293*

Bet. f.n.t.h.: SK Oktober 1902
40,7 × 65,7 cm. HCC 719. Erhv. 1905

293

*Arkitekten Martin Nyrop og
hans medarbejdere. 1902. Kar-
ton til maleri tilh. Københavns
Rådhus*

*The architect Martin Nyrop and
his assistants. Cartoon for a
painting in the Copenhagen
Town Hall*

Bet. f.n.t.v.: P S Krøyer 1902
141,5 × 211 cm (lysmål). Kul og pa-
stel på papir. Erhv. før 1911

294

*Skt. Hansblus på Skagens
strand. 1903. Karton til maleri
tilh. Skagens Museum*

*A mid-summer night's bonfire on
the beach at Skagen.* Cartoon
Bet. f.n.t.h.: P.S.Krøyer Skagen 1903
141,5 × 264 cm (lysmål). Pastel på
papir. Erhv. før 1911

ALBERT KÜCHLER
1803–1886

295
Bruden pyntes. Gentagelse af
maleri tilh. Statens Museum
for Kunst
Dressing the bride in her finery
Bet. f.n.t.v.: A.Kÿchler
40,5 × 33 cm. Erhv. 1874

VILHELM KYHN
1819–1903

296
**Landskab. Bjergelide. Horsens.
(1858). Studie til maleri tilh. Sta-
tens Museum for Kunst**
Landscape. Bjergelide. Horsens.
Study
38,6 × 62,5 cm. Erhv. 1897

297
Ud for fjorden. 1863
Landscape by a fjord
Bet. f.n.t.v.: 4/8 63 VK (-monogram)
32,8 × 21,6 cm. Udst. 1902 som tilh.
H. Hirschsprung

298
**Ved Rösjöholm. Efter solned-
gang. Halland. Studie.** 1866
*Landscape. After sunset near
Rösjöholm. Halland, Sweden.*
Study
Bet. f.n.t.v.: 66 VK (-monogram)
33,5 × 45,8 cm. Erhv. 1897(?)

299
**Fra Hadsund ved Mariager
fjord.** 1867
*View from Hadsund near the
Mariager fjord*
Bet. f.n.t.h.: VK (-monogram) 2/7 67
31,6 × 45,2 cm. Erhv. før 1911

300
Øresund. 1880
The Sound
Bet. f.n.t.v.: Vilh K 1880
23,8 × 30,9 cm. Erhv. 1898

301
Kløft ved Rørvig. 1886
Ravine landscape, Rørvig
Bet. f.n.t.h.: VKyhn 1886
33,4 × 50,3 cm. Erhv. 1897

302
**Den 1. september. Ved Rye
mølle. Birk sø.** 1886
*Landscape. September 1. The
mill at Rye. Birk lake*
Bet. f.n.m.f.: Vilh Kyhn 1886
111,3 × 158,3 cm. Erhv. 1899

303
**Sommereftermiddag. Isefjor-
den.** 1887
*Landscape. The Isefjord on a
summer afternoon*
Bet. f.n.t.h.: Vilh Kyhn 1887.
68,9 × 97,1 cm. Erhv. 1888

304
Aftenstemning. Rye. 1888
Nocturne. Landscape at Rye
Bet. f.n.t.v.: VKyhn 1888
62,8 × 84,8 cm. Erhv. 1888

305
Marine
Seascape
23,5 × 35,1 cm. Olie på træ. Erhv. før
1911

CHRISTEN KØBKE
1810–1848

306
Ung, mandlig model. (1828).
Kopi efter C. W. Eckersberg:
To hyrder, 1813, tilh. Statens
Museum for Kunst
Young male model. Copy of C.
W. Eckersberg's "Two Shep-
herds" in the Royal Museum of
Fine Arts
47,3 × 31,6 cm. Test. gave 1942 fra
lektor Aage Bricka

307
*Parti af afstøbningssamlingen
på Charlottenborg.* 1830
*Portion of the plaster cast collec-
tion at Charlottenborg*
Bet. f.n.t.h.: C.K. 29-8(?)-1830
41,5 × 36 cm. MK 31. Erhv. 1892

308
Maleren Wilhelm Bendz.
(1831?)
*Portrait of the painter Wilhelm
Bendz*
22,3 × 18,3 cm. MK 28. Erhv. 1900

309*
Landskabsmaleren F. Sødring.
1832
Portrait of the painter F. Sødring
Bet. f.n.t.h.: C Købke 18 26/5 32
42,2 × 37,9 cm. MK 37. Erhv. 1894

310
Landskabsmaleren L. Lyngbye.
1833
*Portrait of the landscape painter
L. Lyngbye*
Bet. f.n.t.h.: C. Købke 18 8/4 33
26,6 × 21,5 cm. MK 60. Test. gave
1903 fra overlærer Zweidorff

311
B. Høyen, født Westengaard.
1833
Portrait of Mrs. B. Høyen, née
Westengaard
Bet. langs v. side: C. Købke 18 28/6
33
21 × 17,6 cm. MK 63. Erhv. 1901

312
*Udsigt over Langelinie og Sun-
det, taget fra Kastelsvolden.*
(1833)
*View from the wall of the Citadel
of Copenhagen past the quay of
Langelinie to the Sound*
24 × 33 cm. MK 68. Gave 1966 fra
Konsul George Jorck og Hustru Em-
ma Jorck's Fond

313*
*Kastelsvolden på den mod by-
en vendende side.* (1833)
*The wall of the Citadel of Copen-
hagen seen from the city side*
17 × 30,7 cm. Olie på papir, opklæbet
på lærred. MK 70. Erhv. 1900

314
*Urtekræmmer Chr. Petersen.
Kunstnerens svoger.* (1833 el-
ler 1840?)
*Portrait of the grocer Christian
Petersen.* The artist's brother-in-
law
28,9 × 21,7 cm. MK 61. Udst. 1902
som tilh. H. Hirschsprung

315
*Parti ved den nordre kastels-
port set fra bastionen øst for
broen.* (1833–34)
*Portion of the northern gate of
the Citadel of Copenhagen seen
from the bastion east of the
bridge*
23,6 × 32 cm. Olie på papir, opklæ-
bet på lærred. MK 77. Erhv. 1898

316
*Frederiksborg Slot set fra Jæ-
gerbakken.* Studie til kat. no.
317
*Frederiksborg Castle seen from
Jægerbakken.* Study for cat. no.
317
22,2 × 33,5 cm. Olie på papir, opklæ-
bet på karton. MK 96. Erhv. 1894

317

Frederiksborg Slot ved aften-belysning. 1835

View of Frederiksborg Castle in evening light

Bet. f.n.t.h.: C Købke 1835
71,8 × 103,4 cm. MK 97. Erhv. 1900

318

Parti af Marina Grande. Capri. 1839

View of Marina Grande. Capri

Bet. f.n.t.h.: CK Capri. 39
29,9 × 39 cm. Olie på papir, opklæbet på lærred. MK 146. Erhv. 1875

319

Oprørt sø ved Capri. (1839)

Rough seas off Capri

24,6 × 34,8 cm. Olie på papir, opklæbet på karton. MK 147. Gave 1970 fra Ny Carlsbergfondet

320

Porten fra Via Sepulcralis i Pompeji. Studie. 1840

The Via Sepulcralis gate in Pompeii. Study

Bet. f.n.t.h.: 3 Juli 40
24,6 × 53,1 cm. Olie på papir, opklæbet på lærred. MK 155. Erhv. 1899

C. A. KØLLE 1827-1872

321

Parti i Ermelunden. 1863

Woodland scenery. Ermelunden

Bet. f.n.t.v.: C A Kølle 1863
35,9 × 51,6 cm. Erhv. før 1911

322

Møens Klint. (Ca. 1866)

Landscape with the cliffs at Møen

Bet. f.n.t.h.: C A Kølle
33,1 × 49,5 cm. Erhv. 1901

323

Ellemose om foråret. Raadvad. Studie. (1871)

Ellemose in spring. Raadvad. Study

33,7 × 50 cm. Udst. 1902 som tilh. H. Hirschsprung

JANUS LA COUR
1837-1909

324

Fra Lugano. 1871

A farm near Lugano

Bet. f.n.t.v.: Lugano. 10 Septbr. 1871. J. la Cour.
38,2 × 59,7 cm. RM 269. Erhv. før 1902

325

Fra Mols. 1873

View of meadows below the hills of Mols

Bet. f.n.t.h.: 23 Juli 1873 J l C
38 × 61,2 cm. RM 302. Erhv. 1875

326

Fra Villa d'Este. 1874

From the park of Villa d'Este

Bet. f.n.t.h.: Villa d'Este – 29 Juni 1874. J la Cour.
45 × 66,8 cm. RM 348. Erhv. 1875

327

Fra Begtrup Vig. Studie. 1883

Landscape near Begtrup Vig. Study

Bet. f.n.t.h.: 19 Juli 1883 J la Cour.
45,5 × 75,6 cm. RM 541. Erhv. 1901

328

Ved Nissum i Vendsyssel. Studie. 1896

Estuary landscape, Nissum. Study

Bet. f.n.t.v.: Niisum. 7 Septbr 1896. J. la Cour.
45,4 × 75,6 cm. RM 762. Erhv. 1900

329
Fra Kandersteg. Schweiz. 1897
Alpine landscape near Kandersteg. Switzerland

Bet. f.n.t.h.: Kandersteg 27. Juli 1897 J. la Cour.
44,8 × 75,7 cm. RM 767. Erhv. 1900

330
Fra Villa d'Este. 1898. Studie til maleri tilh. Statens Museum for Kunst
From the park of Villa d'Este. Study

Bet. f.n.t.v.: Villa d'Este. 13.6.98. J.la Cour.
46,2 × 75,1 cm. RM 791. Erhv. 1900

331
Aqua Claudia. Akvædukt i Roms campagne. 1904
The "Aqua Claudia" aqueduct. The Roman Campagna

Bet. f.n.t.v.: Aqua Claudia. 2 Mai 1904 J. la Cour.
46,3 × 76,4 cm. RM 843. Erhv. 1907

EMANUEL LARSEN
1823–1859

332
Sundet ved Helsingør. Skitse. 1858
View of the Sound off Elsinore. Sketch

Bet. f.n.t.h.: J (Larsen?). 1858
25,6 × 37,6 cm. Olie på papir, opklæbet på lærred. Erhv. før 1911

333
Parti af Sundet. Studie
View of the Sound. Study

29,2 × 39,4 cm. Olie på papir, opklæbet på lærred. Erhv. før 1911

JOHANNES LARSEN
1867–1961

334
Badende drenge. (1889)

Boys swimming

Senere bet. f.n.t.v.: JL 1890
48 × 60,2 cm. Erhv. 1940

335
Oktober. (1894)
October

46,7 × 60,5 cm. Erhv. 1898

EDVARD LEHMANN
1815–1892

336
»En tulipan eller en rose?«. Scene på et familiebal. Skitse. (Ca. 1848)
"A tulip or a rose?" Scene from a family dancing party. Sketch

Bet. f.n.t.h.: E.L
30 × 25,6 cm. Erhv. 1902

CARL LOCHER
1851–1915

337
Sundet ud for Hornbæk. 1885
View of the Sound off Hornbæk

Bet. f.n.t.h.: Carl Locher 1885.
59 × 94,5 cm. Erhv. 1886

J. TH. LUNDBYE
1818–1848

338
Major Carl Fr. Chr. Grove. 1836
Portrait of major Carl F. C. Grove

Bet. på bagsiden: J L. 1836.
21,3 × 16,5 cm. KM 17. Erhv. 1893

339
Ved Liseleje. 1837
Landscape at Liseleje

Bet. f.n.t.v.: ved Liseleie Sept 7-37.-
14 × 30 cm. Olie på papir, opklæbet på lærred. KM 35. Erhv. 1884

340*

Luftstudie. 1838. På bagsiden
plantestudie. 1843

Study of clouds. On the reverse
study of plants

Bet. f.o.t.h.: May 1838 Frvk. (Frederiksværk). Bagsiden bet. f.o.t.h.: 18
JTL (-monogram) 43
17,5 × 30,6 cm. Olie på pap. KM 48
og 144A. Gave 1956 fra grosserer
Herbert Melbye

341*

Studie ved en indsø. 1838

View of a pond. Study

Bet. f.n.t.v.: Jægersborg d. 26 Juny
1838 JTL. (-monogram)
15,4 × 22,4 cm. Olie på papir, opklæbet på lærred. KM 53. Erhv. 1894

342

Landskab. Højbjerg. Studie.
1840

Landscape. Højbjerg. Study

Bet. f.n.t.v.: Højbjerg 1 Aug 1840
12,5 × 27,3 cm. Olie på papir, opklæbet på pap. KM 82. Erhv. 1894

343

Landskab ved Frederiksværk.
1841. Studie til: Sjællandsk
landskab, tilh. Statens Museum for Kunst

Landscape from the vicinity of
Frederiksværk. Study

Bet. f.n.: 1841 og JTL. (-monogram)
26,8 × 36,2 cm. Olie på papir, opklæbet på lærred. KM 95. Udst. 1902
som tilh. H. Hirschsprung

344

Justitsråd Bernhard Born.
1842

Portrait of Counsellor Bernhard
Born

Bet. f.n.t.v.: JTL (-monogram) Marts
1842
18 × 14 cm. KM 113. Gave 1963 fra
Sparekassen for Kjøbenhavn og Omegn

345

Bøndergårde. Vejby. 1843

Farms in the village of Vejby

Bet. f.n.t.h.: 18 JTL (-monogram) 43
19,8 × 23,7 cm. Olie på papir, opklæbet på papir og lærred. KM 160A.
Erhv. 1932

346

To køer på en åben mark. Studie. 1844

Two cows in an open field. Study

Bet. f.n.t.v.: Vognserup 3 Aug 18 JTL.
(-monogram) 44.
17,2 × 27,3 cm. Olie på papir, opklæbet på pap. KM 174. Erhv. 1872

347

En stående ko. Studie. 1846

A cow. Study

Bet. f.n.t.v.: 4 JTL (-monogram) 6
30,5 × 43 cm. Olie på papir, opklæbet på lærred. KM 217. Erhv. 1873

348

Efterårslandskab. Hankehøj
ved Vallekilde. 1847

Autumn landscape at Hankehøj
near Vallekilde

Bet. f.n.t.h.: 4 JTL. (-monogram) 7
36,2 × 43,2 cm. KM 228. Erhv. 1880

349

Malkeplads ved herregården
Vognserup. 1847. Studie til
maleri tilh. Statens Museum
for Kunst

The milking place at the manor
of Vognserup. Study

Bet. f.n.t.v.: 4 JTL (-monogram) 7
41,2 × 58,5 cm. KM 232. Erhv. 1895

350

Hellede klint. 1847

Hellede cliff

Bet. f.n.t.v.: 4 JTL. (-monogram) 7
36,7 × 54,8 cm. Olie på papir, opklæbet på lærred. KM 241. Erhv. 1874

351

Søndersøen. Vognserup. 1847

Lake Søndersø. Vognserup

Bet. f.n.t.h.: 4 JTL. (-monogram) 7
40,7 × 60,9 cm. Olie på papir, opklæbet på lærred. KM 249. Erhv. 1874

352

Et par heste i læ under en sammensunken høj. 1848

Two horses sheltering by a collapsed barrow

Bet. f.n.t.v.: 4 JTL. (-monogram) 8
32,5 × 45,2 cm. KM 258. Erhv. 1895

A. MACKEPRANG

1833–1911

353

Pont d'léna. Paris. 1870

Bet. f.n.t.v.: 18. AM. (-monogram) 70.
33,9 × 58,3 cm. Erhv. 1901

WILHELM MARSTRAND

1810–1873

354

En flyttedagsscene. (Ca. 1831).
Skitse til maleri tilh. Nivaa-gaardsamlingen

Moving day. Sketch

14,8 × 16,6 cm. Erhv. 1900

355

Professor, dr. med. C. J. H. Kayser. (1836). Studie til: Gruppebillede af unge læger, tilh. Frederiksborg museet

Portrait of the physician C. J. H. Kayser. Study

18,2 × 15,1 cm. Erhv. 1897

356

Ung italienerinde med sin rosenkrans. (1836 eller 1840)

Young Italian woman with her rosary

35,5 × 25,5 cm. Olie på papir, opklæbet på lærred. Erhv. 1873

357

Gammel italiener. Studie.
(Ca. 1837).

Study of an old Italian peasant

18,9 × 15,4 cm. Olie på papir, opklæbet på lærred. Udst. 1888 som tilh. H. Hirschsprung

358

Gammel, siddende neapolitaner. Studie. (Ca. 1837)

Old Neapolitan seated. Study

34,4 × 27,3 cm. Olie på papir, opklæbet på lærred. Udst. 1888 som tilh. H. Hirschsprung

359

Pige med sin ten. Studie.
(Ca. 1838)

Young woman with her spindle. Study

36,5 × 23 cm. Olie på papir, opklæbet på lærred. Erhv. 1873

360

Abbate omringet af dansende piger. Skitse. (Ca. 1839)

Priest surrounded by dancing young women

15,4 × 22,4 cm. Olie på papir, opklæbet på lærred. Erhv. 1872

361

Dansende italienerinde. Studie til: Lystighed uden for Roms mure på en oktoberaften, 1839, tilh. Thorvaldsens Museum

Young Italian woman dancing. Study

36,8 × 22,9 cm. Olie på papir opklæbet på lærred. Udst. 1888 som tilh. H. Hirschsprung

362

Italienerinde. Studie til samme maleri som kat. no. 361

Young Italian woman. Study

22,3 × 17 cm. Olie på papir, opklæbet på lærred. Erhv. 1898

363
Søstersengen. Skitse.
(Ca. 1840)
The triple bed. Sketch
Bet. f.n.t.v.: 2
25,3 × 30,5 cm. Olie på papir, opklæbet på lærred. Erhv. 1872

364
Roskilde fugleskydnings-selskabs skive. (1842)
Tablet of the Roskilde popinjay shooting society
Inskription på malet blomsterramme f.o.: SÖREN BORCH og f.n.: DEN 13 JULI 1841
Diameter: ca. 59,7 cm. Olie på rund træplade. Erhv. 1898

365
Tre besøgende i barselstuen. Studie til: Barselstuen, 1845, tilh. Statens Museum for Kunst
Three visitors in the lying-in room. Study
30,8 × 25 cm. Olie på papir, opklæbet på lærred. Test. gave 1953 fra Ida og Anna Hirschsprung

366
Don Quijote og Sancho Panza rider fra værtshuset. (1845 – 48)
Don Quixote and Sancho Panza riding from the tavern
44,6 × 85,6 cm. Olie på papir, opklæbet på lærred. Test. gave 1953 fra Ida og Anna Hirschsprung

367
Ung, nøgen italiener i bedende stilling. Studie til: Den fortabte søns hjemkomst, tilh. Statens Musum for Kunst
Young nude Italian male in an attitude of prayer. Study for the Return of the Prodigal Son
47,4 × 37,7 cm. Olie på papir, opklæbet på lærred. Udst. 1898 som tilh. H. Hirschsprung

368
Landskab. Subiaco. (1845 – 48)
Landscape. Subiaco
34,9 × 53 cm. Olie på papir, opklæbet på lærred. Erhv. 1889

369
Italiensk aftenlandskab
Italian evening landscape
25,8 × 36,4 cm. Olie på papir, opklæbet på lærred. Erhv. 1872

370
Politikere uden for et osteri på et italiensk torv
Politicians outside an osteria in an Italian piazza
27,9 × 35,2 cm. Olie på papir, opklæbet på lærred. Erhv. 1873

371
Konsul Christopher F. Hage og hustru. Skitse til maleri fra 1849 tilh. Nivaagaard-samlingen
Portrait of Consul Christopher F. Hage and his wife. Sketch
28,8 × 33,5 cm. Erhv. 1898

372
Pige fra Dalarne. (1851)
Young woman from Dalarne, Sweden
32,6 × 26,8 cm. Olie på papir, opklæbet på lærred. Erhv. 1898

373
Rejsende i Venedig. Skitse. (1854)
Travellers in Venice. Sketch
35,3 × 26,4 cm. Olie på papir, opklæbet på lærred. Erhv. 1872

374
Gondol med tiggermunke i Venedig. Skitse. (1854)
Gondola with mendicant friars in Venice. Sketch
32,4 × 41 cm. Olie på papir, opklæbet på papir og lærred. Erhv. 1872

375

Parti fra Canal Grande i Venedig. Palazzo Falier

View from Canal Grande in Venice with Palazzo Falier

37,4 × 40,6 cm. Olie på papir, opklæbet på papir og lærred. Gave 1969 fra Overretssagfører L. Zeuthens mindelegat

376

Scene af Holberg: Jeppe på bjerget. Akt III, scene 3

Scene from Ludvig Holberg's comedy, "Jeppe of the Hill"

37,5 × 53,2 cm. Erhv. 1874

377

Scene af Holberg: Den politiske Kandestøber. Akt IV, scene 5-9. 1858

Scene from Ludvig Holberg's comedy "The Tinker Turned Politician"

Bet. f.n.t.h.: WM 1858
46,5 × 37,5 cm. Erhv. 1897

378

Don Quijote og Sancho Panza mellem de sorte klipper. Skitse. (Ca. 1864)

Don Quixote and Sancho Panza in the black mountains. Sketch

27,5 × 34,8 cm. Olie på papir, opklæbet på lærred. Erhv. 1873

379

Holberg til kaffeselskab hos madam N.N. Skitse. (Ca. 1866). Holbergs epistler XCIX

Ludvig Holberg at a coffee party at Mrs. N.N.'s house. Sketch

52,1 × 63 cm. Erhv. 1873

380

Komponisten Niels W. Gade. 1867

Portrait of the composer Niels W. Gade

Bet. f.o.t.v.: N. W. Gade Æt. L. WM (-monogram) MDCCCLXVII
104,5 × 76,9 cm. Erhv. 1898

381

Scene af Holberg: Den politiske kandestøber. Collegium politicum. 1868

Scene from Ludvig Holberg's comedy. "The Tinker Turned Politician"

Bet. f.n.t.h.: WM 1868
81,5 × 107,8 cm. Erhv. 1871

382

Faun og nymfe. Skitse. (1868-69)

Faun and nymph. Sketch

45,8 × 35,9 cm. Udst. 1888 som tilh. H. Hirschsprung

383

Lignelsen om den store nadver. Skitse til maleri fra 1869 tilh. Statens Museum for Kunst

The parable of the loaves and fishes. Sketch

66,1 × 93,3 cm. Erhv. 1899

384

Romersk bonde. (1869)

Roman peasant

50 × 34 cm. Erhv. 1873 (?)

385

Gammel italiener. (1869?)

An old Italian

36,2 × 28 cm. Udst. 1888 som tilh. H. Hirschsprung

386

Romerinde

Roman woman

46,5 × 36,5 cm. Erhv. 1872 (?)

387

Den nyskabte Eva

Adam and Eve

87 × 95,1 cm. Erhv. 1900

388

En mor, der dækker sit sovende barn. Skitse

Katalog no. 267   *P. S. Krøyer: Badende drenge. Solskin. Skagen.* 1892

401

Ung pige med sin håndten

Young Italian woman with her spindle

31,9 × 22,4 cm. Olie på papir, opklæbet på lærred. Erhv. 1904

N. P. MOLS 1859–1921

402

En ko. Studie. 1889

A cow. Study

Bet. f.n.t.v.: 26 Juni 89 N.P.M.
34,5 × 52,7 cm. Gave fra kunstneren 1890

403

To heste. Studie. 1892

Two horses. Study

Bet. f.n.t.h.: N.P.M. 92
55,3 × 70 cm. Udst. 1902 som tilh. H. Hirschsprung

404

Fire heste. Studie. 1892

Four horses. Study

Bet. f.n.t.v.: N.P.M. 92.
55,5 × 69 cm. Udst. 1902 som tilh. H. Hirschsprung

405

Fiskerfolk. Studie. 1892

Fishing families. Study

Bet. f.n.t.h.: 92 N.P. Mols
55,5 × 67,6 cm. Udst. 1902 som tilh. H. Hirschsprung

406

Efterårstræk. Vildgæs og tamme gæs. 1895

Autumn migration. Wild geese and farm geese

Bet. f.n.t.v.: N.P. Mols 95
93,5 × 11,5 cm. Udst. 1896 som tilh. H. Hirschsprung

CHRISTIAN MOURIER-PETERSEN
1858–1945

407

Blomstrende ferskentræer. Arles. (1888)

Peach trees in bloom. Arles

Bet f.n.t.h.: C M-P.
55,2 × 45 cm. Gave 1950 fra civilingeniør Vagn E. Mourier-Petersen

408

Pige fra Arles. (1888)

Young woman from Arles

Bet. f.n.t.h.: C M-P
41,2 × 33,5 cm. Gave 1955 fra fhv. godsejer Ferd. Mourier-Petersen

409

Mælkekælder på Ryomgård. (1892)

Dairy cellar at the manor of Ryomgård

Bet. f.n.t.h.: C M-P.
64,1 × 43,8 cm. Gave 1950 fra fhv. godsejer Ferd. Mourier-Petersen

ADAM MÜLLER
1811–1844

410

Luther på rigsdagen i Worms. 1836. Skitse til maleri tilh. Helligaandskirken i København

Luther at the Diet of Worms. Sketch

Bet. f.n.t.v.: AM (-monogram) 1836.
36,6 × 27,9 cm. Afrundet f.o. Erhv. 1874

411

Engel. Studie til: Christus velsignende de fire Evangelister, 1842, tilh. Thorvaldsens Museum

An angel. Study

29,8 × 26,7 cm. Erhv. før 1911

412

Landskabsmaleren F. Sød-
rings hustru. 1844
Portrait of the wife of the painter
F. Sødring

Bet. t.h.: AM. (-monogram) 1844.
35,5 × 26 cm. Gave 1917 fra stiftsda-
me I. A. Gyldenfeldt

EJNAR NIELSEN
1872–1956

413

Den blinde. Gjern. 1896 og
1898
The blind girl. Gjern

Bet. f.n.t.h.: EINAR NIELSEN GIERN.
1896 & 98.
131,5 × 79,2 cm. Olie og guld på lær-
red. Erhv. 1901

414

En kone. Gjern. 1899 og 1900
Portrait of a woman. Gjern

Bet. f.o.t.h.: EINAR·NIELSEN MA-
LET·I·GIERN I·AARENE·1899 og
1900
106,6 × 86,7 cm. Erhv. 1901

THORVALD NISS
1842–1905

415

Kristen spillemand. Hornbæk-
fisker. 1873
Portrait of Kristen, the fiddler. A
Hornbæk fisherman

Bet. på lærredets bagside: TN (-mo-
nogram) 1873.
37 × 28 cm. Udst. 1902 som tilh. H.
Hirschsprung

416

Fårefold. Stagsted skov. 1877
Sheepfold. The woods at Stag-
sted

Bet. f.n.t.h.: Thorv Niss 1877
25 × 41,4 cm. Udst. 1902 som tilh. H.
Hirschsprung

417

Gråvejr. Borggraven om Voer-
gård. 1878
Cloudy weather. The moat of the
manor of Voergård

Bet. f.n.t.v.: T Niss 1878.
28,8 × 39,2 cm. Erhv. 1879

418

Marine. Bovbjerg. 1887
Seascape. Bovbjerg

Bet. f.n.t.h.: T Niss 1887
56,5 × 90,5 cm. Erhv. 1888

419

Badstuedammen ved Frede-
riksborg Slot. (1887)
The pond by the bathhouse of
Frederiksborg Castle

Bet. f.n.t.h.: Th Niss–
72,5 × 108 cm. Pastel. Udst. 1888
som tilh. H. Hirschsprung

420

Strandparti. Grenen. Skagen.
1889
Beach landscape. Grenen. Ska-
gen

Bet. f.n.t.h.: T Niss 1889.
46,5 × 59,5 cm. Test. gave 1953 fra
Ida og Anna Hirschsprung

421

Ud for Lissabon. 1893
Off Lisbon

Bet. f.n.t.h.: Ud for Lissabon – 7 Juli
1893 og t.v.: T Niss–
32,3 × 40 cm. Olie på træ. Erhv. 1894

422

Kølvand. Middelhavet. (1893)
Wake. The Mediterranean

59,9 × 96,3 cm. Erhv. 1894

423

Øresund ved Hellebæk. 1895
The Sound off Hellebæk

Bet. f.n.t.h.: T Niss 1895
49,5 × 41,2 cm. Udst. 1902 som tilh.
H. Hirschsprung

424

Kolding fjord. **1898**

Landscape at Kolding Fjord

Bet. f.n.t.v.: TN (-monogram) 1898
43 × 31 cm. Udst. 1902 som tilh. H.
Hirschsprung

425

Bølgebrydning mod klippe-kyst. **1901**

Waves breaking on a rocky shore

Bet. f.n.t.v.: 19 TN 01
55,3 × 89,3 cm. Erhv. før 1911

426

Hårdt vejr. Ålandshavet. **1901**

Rough weather. The Åland Sea

Bet. f.n.t.v.: T Niss 1901
69,5 × 113,5 cm. Erhv. før 1911

O. D. OTTESEN
1816–1892

427

Roser og jordbær i en kurv. **1869**

Basket with roses and straw-berries

Bet. f.n.t.h.: O. D. Ottesen 1869
28,2 × 34,5 cm. Erhv. 1871

428

Fuglerede ved et stendige, om-givet af markblomster. **1871**

Bird's nest surrounded by wild flowers in a stone wall

Bet. f.n.t.h.: O. D. Ottesen. 1871
32,3 × 26 cm. Udst. 1871 som tilh. H.
Hirschsprung

429

Frugter og planter. **1872**

Fruits and plants

Bet. f.n.t.h.: O. D. Ottesen 1872
60,2 × 45,5 cm. Olie på træ, afrundet
f.o. Erhv. 1872

JULIUS PAULSEN
1860–1940

430

Ung pige i sit soveværelse. Morgentoilette. **1881**

Morning scene. Young woman braiding her hair in her bedroom

Bet. f.n.t.h.: 18 JP 81.
40,3 × 34,5 cm. Erhv. 1903

431

Smedie i Borgergade. **(Ca. 1883)**

A smithy in Borgergade

Bet. f.n.t.v.: J.P.
29,5 × 40,3 cm. Erhv. 1885

432

Gårdmand Rasmus Sørensen i Skra. **1884**

Portrait of farmer Rasmus Sø-rensen in the village of Skra

Bet. t.h. ved skulderen: Jul. P. 1884.
36,8 × 31,8 cm. Test. gave 1976 fra
ingeniør Max Beltoft

433

Kunstnerens søster. **1884**

Portrait of the artist's sister

Bet. f.o.t.v.: Jul. Paulsen 1884
43 × 34,8 cm. Pastel på lærred. Udst.
1888 som tilh. H. Hirschsprung

434

Kunstnerens søster betragten-de sin fars portræt. **1885**

The artist's sister contemplating her father's portrait

Bet. f.n.: 1885 Jul. Paulsen.
35 × 23,5 cm. Udst. 1888 som tilh. H.
Hirschsprung

435

En kvinde. **1885**

Portrait of a woman

Bet. f.n.t.h.: Jul. Paulsen 1885.
50 × 39 cm. Olie på træ. Udst. 1888
som tilh. H. Hirschsprung

Katalog no. 313   *Christen Købke:*
Kastelsvolden på den mod byen vendende side. (1833)

Katalog no. 309 *Christen Købke: Landskabsmaleren F. Sødring.* 1832

436

Landskab. Rye by. 1886

Landscape from the village of Rye

Bet. f.n.t.h.: Jul. Paulsen. 1886.
60 × 73,5 cm. Erhv. 1904

437

Sommernat. Høsterkøb. 1888

Summer night. Høsterkøb

Bet. f.n.t.h.: Jul. Paulsen. 88.
59,2 × 64,4 cm. Erhv. 1888

438

Robert Hirschsprung. Stifterens søn. Posthumt portræt. 1889

Posthumous portrait of Robert Hirschsprung. The founder's son

Bet. t.v.: Jul. Paulsen. Dec. 89.
41 × 31,7 cm. Oval. Erhv. 1890 (?)

439

Pløjescene uden for en fynsk bondegård. 1891

Ploughing scene near a Funen farm

Bet. f.n.t.h.: Jul. Paulsen 91.
26 × 36,4 cm. Erhv. 1892

440

Havnen efter solnedgang. København. 1891

View from Copenhagen harbour after sunset

Bet. f.n.t.v.: Jul. Paulsen. 91.
39,5 × 47,2 cm. Udst. 1902 som tilh. H. Hirschsprung

441

Sovekammeret. 1891

The bedroom

Bet. f.n.t.v.: Jul. Paulsen. 1891.
42 × 37,5 cm. Udst. 1902 som tilh. H. Hirschsprung

442

To ege. Egnen ved Vallø. 1892

The two oaks. From the vicinity of Vallø

Bet. f.n.t.v.: JUL. PAULSEN. 92.
51,5 × 83 cm. Erhv. 1894

443

Middagslur. 1893

Afternoon nap

Bet. f.n.t.v.: Jul. Paulsen. 1893.
33 × 36,5 cm. Erhv. 1894

444

Bistrup mose. 1895

Bog landscape at Bistrup

Bet. f.n.t.v.: JUL. PAULSEN. 1895.
27,2 × 39,5 cm. Erhv. 1896 (?)

445

Pauline Hirschsprung, født Jacobson. Stifterens hustru. 1897

Portrait of Pauline Hirschsprung, née Jacobson. The founder's wife

Bet. f.n.t.v.: Jul. Paulsen. 1897.
57 × 47 cm. Test. gave 1948 fra Ellen Hirschsprung Brünniche

446

Bondegård i Brederød. Frederiksværk. (1898)

Farm at Brederød. Frederiksværk

55,5 × 47 cm. Erhv. 1900

447

Aftenstemning. 1899

Nocturne

Bet. f.n.t.h.: JUL. PAULSEN. 1899.
43,5 × 61,5 cm. Erhv. 1900 (?)

448

Portrætgruppe. Skitse. (Ca. 1902)

Group portrait. Sketch

Bet. f.n.t.h.: J.P.
30,5 × 43 cm. Test. gave 1946 fra Oscar H. Hirschsprung

449

Selvportræt. 1917

Portrait of the artist

Bet. f.n.t.h.: J.P. 1917.
40 × 37,3 cm. Test. gave 1976 fra ingeniør Max Beltoft

OLE PEDERSEN
1856–1898

450
Husmand Peder Olsen. Kunstnerens far. Studie. 1886
Peder Olsen, a smallholder. The artist's father. Study
Bet. t.v.: Ole Pedersen 1886
29 × 23,8 cm. Erhv. 1888

451
Kunstnerens mor. Studie. 1886
The artist's mother. Study
Bet. t.v.: Ole Pedersen 1886
29,2 × 24 cm. Erhv. 1888

452
To køer på en mark. 1893
Two cows in a field
Bet. f.n.t.h.: Ole Pedersen 93.
43,5 × 55 cm. Udst. 1902 som tilh. H. Hirschsprung

453
Bageren og hans hustru.
(Ca. 1894). Kopi efter pompejansk freske
The baker and his wife. Copy of a Pompeian fresco
Bet. f.n.t.h.: Ole Peder(sen)
59,6 × 53,6 cm. Udst. 1902 som tilh. H. Hirschsprung

454
Templerne ved Agrigento.
(1895)
View from the temples at Agrigento
Bet. f.n.t.h.: Ole Pedersen Girgenti
48 × 49 cm. Udst. 1902 som tilh. H. Hirschsprung

455
Forårsdag ved Tiberen
Spring day by the Tiber
Bet. f.n.t.h.: Ole Pedersen Roma
48,5 × 62,5 cm. Udst. 1902 som tilh. H. Hirschsprung

456
Italiensk strandmark med græssende får
Italian meadow with grazing sheep
Bet. f.n.t.h.: Ole Pedersen
38 × 54,5 cm. Udst. 1902 som tilh. H. Hirschsprung

VIGGO PEDERSEN
1854–1926

457
Uden for et bryghus i en bondegård. Studie. 1876
Outside a farm brew-house. Study
Bet. f.n.t.h.: Eskildstrup 1876 Viggo Pedersen
36 × 58 cm. Erhv. 1901

458
Aftenstemning. Får, der græsser på brakmarken. Sora. Studie. (1883)
Nocturne. Sheep grazing in the fallow field. Sora. Study
73,4 × 51,2 cm. Erhv. 1884 (?)

459
Den lilles middagssøvn. 1889
The little one's afternoon nap
Bet. f.n.t.h.: Viggo Pedersen 1889.
26,5 × 35 cm. Olie på træ. Erhv. 1901

460
Vandmøllen. Naundrup. Studie. 1891
Watermill at Naundrup. Study
Bet. f.n.t.v.: Naundrup Octbr. 1891. Viggo Pedersen
67,5 × 97,9 cm. Erhv. 1893

461
Lyse oktoberfarver. 1892
Bright October colours
Bet. f.n.t.h.: Viggo Pedersen-. 1892.
43 × 53,8 cm. Olie på pap. Erhv. 1893

Katalog no. 340   *J. Th. Lundbye: Luftstudie.* 1838

Katalog no. 341   *J. Th. Lundbye: Studie ved en indsø.* 1838

462

Aften. Tidlig sommer. 1894(-96)

Evening. Early summer

Bet. f.n.t.v.: 1894 Viggo Pedersen
67,1 × 78,4 cm. Olie på pap. Erhv.
1896

463

**Kastanjetræer ved en bonde-
gård.** 1897

Chestnuts by a farm

Bet. f.n.t.v.: Viggo Pedersen. 1897.
72,5 × 94,4 cm. Olie, tempera og la-
sur på lærred. Erhv. 1898

EDVARD PETERSEN

1841–1911

464

Vaskeplads ved Anticoli. 1878

A laundry near Anticoli

Bet. f.n.t.v.: EP og t.h.: 1878
38 × 44 cm. Erhv. 1902

FRITZ PETZHOLDT

1805–1838

465

Italiensk bjergby. Anacapri.
Studie. (1831)

Italian mountain village. Ana-
capri. *Study*

Bet. f.n.t.h.: Tilhører ...
33,5 × 44,5 cm. Olie på papir, opklæ-
bet på pap. Erhv. før 1911

466

Fra Olevano. Studie. 1832

From Olevano. Study

Bet. f.n.t.v.: Olevano 12 Novr 32
30,2 × 45,5 cm. Olie på papir, opklæ-
bet på lærred. Erhv. 1895

467

**Fra de pontinske sumpe med
en flok bøfler.** (1837)

*View from the Pomptine Mar-
shes with a buffalo herd*

Bet. f.n.t.h.: F. Petzholdt
110 × 161 cm. Erhv. 1901

THEODOR PHILIPSEN

1840–1920

468

Et par kalve. 1868

Two calves

Bet. t.h.: TP (-monogram) 68
52,5 × 64 cm. Erhv. 1888

469

Gammel, brun hest. 1870

Old chestnut horse

Bet. f.n.t.v.: 18 TP (-monogram) 70
30,8 × 41,2 cm. Erhv. 1898

470

To fårehoveder. Studie. 1872

Two sheepheads. Study

Bet. f.n.t.h.: 18 TP (-monogram) 72
26,1 × 38,2 cm. Erhv. 1898

471

Hoved af en tyrekalv. Studie.
1873

Head of a bull calf. Study

Bet. t.v.: 8 TP (-monogram) 73
29,5 × 38,8 cm. Erhv. 1898

472

**Tre ridende campagnoler
uden for et osteri. Studie.**
(Ca. 1879)

*Three rustics on horseback out-
side an osteria. Study*

Bet. f.n.t.v: TP. (-monogram)
25,6 × 30,6 cm. Erhv. 1887

473

**Tre heste ved et vandings-
trug. Studie.** 1880

*Three horses by a watering
trough. Study*

Bet. f.n.t.h.: TP (-monogram) 80.
25,7 × 36,3 cm. Erhv. 1882

474

Et kohoved. Studie. 1880

Head of a cow. Study

Bet. f.n.t.v.: 18 TP (-monogram) 80
27,7 × 28,5 cm. Erhv. 1898

475
To liggende kalve. 1881
Two calves lying down
Bet. f.n.t.h.: TP. (-monogram) 81.
19,3 × 25,9 cm. Test. gave 1953 fra
Ida og Anna Hirschsprung

476
Marketenderiet Nyværk. Aften. En ko malkes. (1885)
Evening at the Nyværk canteen with a cow being milked
Bet. f.n.t.v.: TP. (-monogram)
28,8 × 51,3 cm. Olie på træ. Erhv.
1976 for arv efter Bl. Toustrup

477
Ved Lygtekroen på Nørrebro. (1885)
By a tavern, Nørrebro. Copenhagen
Bet. f.n.t.v.: TP (-monogram)
45 × 94 cm. Gave 1982 fra Augustinus Fonden og Konsul George Jorck og Hustru Emma Jorck's Fond

478
Fra vejen til Kastrup. (1890)
View of the road to Kastrup
64,1 × 98,3 cm. Gave 1927 fra Ny Carlsbergfondet

479*
Højvande. 1892
High tide
Bet. f.n.t.v.: 18 TP (-monogram) 92
56,5 × 56,4 cm. Olie på træ. Erhv.
1893

480
En Malkeplads. (1894)
Milking place
57,1 × 84,3 cm. Olie på træ. Erhv.
1895

481
Udskibning af kreaturer fra Kastrup. 1896
Unloading the cattle from Kastrup

Bet. f.n.t.v.: 18 TP (-monogram) 96
64,5 × 83 cm. Gave 1965 fra Ny Carlsbergfondet

LARS RASTRUP
1862–1949

482
Et hjem. 1889
Domestic scene
Bet. f.n.t.h.: LR 1889.
53 × 63 cm. Erhv. før 1911

L. A. RING 1854–1933

483
Interiør på landet. 1880
Country interior
Bet. f.n.t.v.: L. A. Ring 1880.
39,2 × 44,7 cm. HCC 2. Erhv. 1889

484
Julebesøg. 1882
Visit at Christmas
Bet. f.n.t.h.: Laurits A Ring 1882
61 × 63,7 cm. HCC 7. Erhv. 1889

485
Kartoffelgravning. 1883
Digging potatoes
Bet. f.n.t.v.: L A Ring 83
87,5 × 69,8 cm. HCC 18. Erhv. 1903

486
Mogenstrup kirke. 1888 og 1889
Mogenstrup village church
Bet. f.n.t.h.: L A Ring 88 og 89
61 × 86,7 cm. HCC 120. Udst. 1890
som tilh. H. Hirschsprung

487
Allé ved Ydernæs. Gaunø. 1893
Avenue at Ydernæs. Gaunø
Bet. f.n.: L A Ring 93
54 × 40,5 cm. HCC 266. Erhv. 1893

Katalog no. 479 *Theodor Philipsen: Højvande.* 1892

488
Forår. 1895
Spring
Bet. f.n.t.v.: L A Ring 1895
189,5 × 159 cm. HCC 317. Erhv.
1902

489
Stella Kähler. (1898)
Portrait of Stella Kähler
22,3 × 22 cm. HCC 402 (?). Erhv.
1933

490
Fyrretræer. Studie. (1899)
Pine trees. Study
44,3 × 31 cm. Erhv. 1933

491*
Åen og havnen ved Frederiks-
værk. 1900
The river and harbour at Frede-
riksværk
Bet. f.n.t.h.: L A Ring 1900
41 × 62,2 cm. HCC 435. Erhv. 1981
med støtte fra Ny Carlsbergfondet

492
Den syge mand. 1902
The sick man
Bet. f.n.t.v.: L A Ring 1902
52,7 × 45,7 cm. HCC 487. Erhv.
1903

JØRGEN ROED
1808–1888

493
Selvportræt. 1829
Portrait of the artist
Bet. (tidl. synligt): J.R.1829
17 × 15,4 cm. Olie og guld på lær-
red. Erhv. 1900

494
Malerne Jørgen Roed og Con-
stantin Hansen på kanetur.
1830
The painters Jørgen Roed and
Constantin Hansen on a sleigh-
ride

Bet. f.n.t.v.: JRoed 1830
18,5 × 24,7 cm. Erhv. 1871

495
Maleren Albert Küchler. 1830
Portrait of the painter Albert
Küchler
Bet. f.n.t.h.: JR. (-monogram) 1830.
27,1 × 21,2 cm. Erhv. 1900

496
Maleren J. P. Møller. 1835
Portrait of the painter J. P. Møl-
ler
Bet. f.n.t.h.: J.R.1835.
27,1 × 21,2 cm. Erhv. 1900

497
Interiør. Ribe domkirke. 1836
Interior. The Cathedral in Ribe
Bet. f.n.t.v.: J. Roed. 1836
104,1 × 96,8 cm. Erhv. 1892

498
Romersk bondedreng. Studie.
1837
Roman peasant boy. Study
Bet. f.n.t.v.: J. Roed og f.o.t.h.: Rom
14 Decbr 1837
36,1 × 23,9 cm. Olie på papir, op-
klæbet på lærred. Erhv. 1894

499
En del af Neptuns tempel
med udsigt til basilikaen i
Paestum. (1838?)
A section of the Temple of Nep-
tune with a view of the Basilica
at Paestum
Bet. f.n.t.v.: J:Roed.
35,9 × 41,1 cm. Olie på papir, op-
klæbet på lærred. Erhv. 1897

500
La Scala Santa i S. Bene-
detto. Subiaco. Studie. 1839
La Scala Santa in S. Bene-
detto. Subiaco. Study
Bet. f.n.t.h.: JR (-monogram) St. Be-
nedetto Octbr 1839.
45,4 × 36,9 cm. Olie på papir, op-
klæbet på lærred. Erhv. 1895

501

Subiaco. Studie. 1839
Subiaco. Study

Bet. f.n.t.h.: Subiaco 2 (?) Octbr 1839
34,8 × 45,6 cm. Olie på papir, opklæbet på lærred. Erhv. 1895

502

Fra Hellebæk strand. 1853. Studie til: Familieliv i et lille fiskerleje nord for Helsingør, tilh. Statens Museum for Kunst
From the beach at Hellebæk. Study

Bet. f.n.m.f.: Hellebek Septbr. 15de 1853
33 × 41,5 cm. Olie på papir, opklæbet på lærred. Erhv. 1895

503

Den norske digter I.S.C. Welhaven. 1853
Portrait of the Norwegian poet I.S.C. Welhaven

Bet. f.n.t.v.: 18. JRoed. 53 Hellebæk.
50,2 × 41,5 cm. Erhv. 1895

504

Selvportræt. 1866
Portrait of the artist

Bet. f.o.t.v.: 18. J.Roed 66
22,6 × 16,3 cm. Olie på træ. Erhv. 1873

JOHAN ROHDE

1856–1935

505

Gråvejr. Ribe. 1890
Cloudy weather at Ribe

Bet. f.n.m.f.: 18·Johan Rohde·90
51,8 × 62,1 cm. Erhv. 1902

506

Tre portrætter. Malerne Ludvig Find, G. F. Clement og Carl Frydensberg. (1892)
Portrait of three painters

78,5 × 51,5 cm. Olie på træ. Gave 1970 fra H. P. Rohde

507

Uden for domkirken i Ribe. Vinterdag. 1892
Winter day outside the Cathedral in Ribe

Bet. f.n.: 18·Johan Rohde·92
42,9 × 47,7 cm. Gave 1914 fra H. Hirschsprung og hustrus bo

508

Sildig aften ved havnemolen i Hoorn. 1893
Late evening at the quay in Hoorn

Bet. f.n.m.f.: 18·Iohan Rohde·93
53 × 63 cm. Erhv. 1958

509

Kunsthistorikeren Emil Hannover. (1893)
Portrait of the art historian Emil Hannover

37 × 29 cm. Gave 1943 efter Karen Hannover

510

Gamle huse i Ribe. Gråvejr. 1900
Old houses in Ribe in cloudy weather

Bet. f.n.m.f.: 19·IOHAN ROHDE·00·
24,4 × 38 cm. Olie på træ. Gave 1914 fra H. Hirschsprung og hustrus bo

511

Ved Bodenhoffs Plads. Christianshavn. 1903
View from Bodenhoffs Plads, Christianshavn, Copenhagen

Bet. f.n.m.f.: 19·IOHAN ROHDE·03
37 × 48,5 cm. Olie på træ. Gave 1914 fra H. Hirschsprung og hustrus bo

VILHELM ROSENSTAND
1838–1915

512

Forfatteren P. A. Heiberg, der tager afsked med Rahbek og dennes hustru uden for Frederiksberg Slot. 1867

The writer P. A. Heiberg taking leave of the writer K. L. Rahbek and wife outside Frederiksberg Castle

Bet. f.n.t.h.: VRosenstand. 1867.
44,8 × 36,1 cm. Erhv. 1879

513

Ved kirkedøren. 1876

At the church door

Bet. f.n.t.v.: Vilh. Rosenstand Roma-76-
62,3 × 49,5 cm. Gave 1924 fra nationalbankdirektør Stephan Linnemann og hustrus arvinger

GODTFRED RUMP
1816–1880

514

Selskabet ved punschebollen. 1844

The party at the punch bowl

Bet. f.o.t.h.: G. Rump 1844.
34,6 × 43,3 cm. Gave 1941 fra Poul Uttenreitter

515

Løvspring. Bregnemae ved Bregentved. 1862

Leaves opening. Bregnemae near Bregentved

Bet. f.n.t.h.: Gtfr.Rp. 1862
49,8 × 70,4 cm. Erhv. 1880

516

Åløb i Lellinge skov

Brook in the Lellinge forest

62,3 × 90 cm. Ufuldført. Erhv. 1901

M. RØRBYE
1803–1848

517

Forhallen til katedralen i Palermo. 1840

The porch of the Cathedral in Palermo

Bet. f.n.t.v.: Palermo 1840 MR.
48 × 40,9 cm. Erhv. 1874

KARL SCHOU 1870–1938

518

Piazza San Marco. Venedig. (1910)

Piazza di San Marco. Venice

Bet. f.n.t.v.: KS.
38 × 51,5 cm. Test. gave 1953 fra professor, dr. med. Johs. C. Bock

L. A. SCHOU 1838–1867

519

Nøgen mandlig model. Studie

Nude male model. Study

27,1 × 24,9 cm. Olie på papir. S og HB 100. Erhv. 1904

520

Interiør. Bondestue. Fensmark. 1861

Farmhouse interior. Fensmark

Bet. f.n.t.h.: L S 61.
29 × 30,9 cm. S og HB 22. Erhv. 1901

521

Scene af Shakespeare: Kong Henrik IV. Akt. I. Skitse. (Ca. 1863–64)

Scene from Shakespeare's "King Henry IV", Act I. Sketch

39,8 × 47,8 cm. S og HB 129. Erhv. 1902

522
Mytologisk scene. Skitse.
(1865–67)
Sketch of mythological scene
Påskrift på bagsiden: Ludvig A.
Schou pinxit. tilh. Edgar Collin
16,5 × 20,4 cm. S og HB 146. Erhv.
før 1902

523
Modellen Stella i Rom. 1866
The model Stella in Rome
Bet. f.n.t.h.: 18 LS (-monogram) 66.
62,7 × 49,5 cm. S og HB 115. Erhv.
1901

524
Leukothea og Odysseus.
Skitse. (Firenze 1867)
Leucothea and Ulysses. Sketch
56,1 × 45,1 cm. S og HB 148. Erhv.
1906

525
Hermod hos Hel. (Firenze
1867)
*Scene from Norse mythology:
Hermod's petition to Hel*
43,7 × 58,7 cm. S og HB 131. Erhv.
1906

528
Hos præsten. Pastor Julius
Borup i Skamstrup. (1888?)
At the vicar's
Bet. f.n.t.h.: G Seligmann
67,5 × 67,3 cm. Erhv. 1904

529
Maleren Niels Skovgaard.
1890
*Portrait of the painter Niels
Skovgaard*
Bet. f.n.t.v.: G. Seligmann 90
46 × 37 cm. Erhv. 1904

530
Maleren Viggo Pedersen.
(1891?)
*Portrait of the painter Viggo Pe-
dersen*
Bet. t.v. over skulderen: G. Selig-
mann
50,3 × 36 cm. Erhv. 1904

531
Lertøj. 1898
Pottery
Bet. f.n.t.h.: G.S. 98.
42,5 × 52,8 cm. Erhv. 1898

GEORG SELIGMANN
1866–1924

526
Skulptur. Fra Thorvaldsens
Museum. (1888)
Sculpture. From the Thorvald-
sen Museum
38 × 45,2 cm. Erhv. 1888

527
**Søndag på Thorvaldsens Mu-
seum.** (1888?)
*Sunday at the Thorvaldsen Mu-
seum*
Bet. f.n.t.h.: G. Seligmann
95 × 89,5 cm. Erhv. 1890

H. SIEGUMFELDT
1833–1912

532
Sjællandsk bondepige. Stu-
die. 1860
A Zealand farm girl. Study
Bet. f.n.t.h.: H.S. 1860.
43 × 31,5 cm. Erhv. 1877

533
**En sømand bringer efterret-
ning om en afdød.** 1861
*A sailor delivering the news of
a death*
Bet. f.n.t.v.: H.Siegumfeldt 1861
76,3 × 61,6 cm. Erhv. 1875

534
Eremit. 1863
Hermit
Bet. f.o.t.h.: Siegumfeldt 1863
66 × 46,6 cm. Erhv. 1876

535
Provst T. Taaffe. 1877
Portrait of Dean T. Taaffe
Bet. f.n.t.h.: Siegumfeldt. 1877.
68,1 × 51,8 cm. Erhv. 1904

JOAKIM SKOVGAARD
1856–1933

536
Forårs-fåreklipning på Lolland. Gråvejr. 1881
Spring shearing on the island of Lolland in cloudy weather
Bet. f.n.: Joakim S. 1881. Paris
63 × 93,5 cm. Erhv. 1881

537
Børn, der bringer mad til skovarbejderen. (Ca. 1882)
Children bringing food to the woodsman
Bet. f.n.t.v.: Joakim Skovgaard
32,4 × 35,2 cm. Olie på pap. Udst.
1902 som tilh. H. Hirschsprung

538
Italiensk landskab med oliventræer. Sora. (1883 eller 1884)
Italian landscape with olive trees. Sora
Bet. f.n.: JS.
38,9 × 69,6 cm. Erhv. 1900 (?)

539
Marine. Posillipo. 1886
Marine. Posillipo
Bet. f.n.t.v.: Joakim Skovgaard Posillip 1886
32,9 × 40,9 cm. Olie på papir, opklæbet på lærred. Erhv. 1891

540
Kristus fører røveren ind i paradiset. 1890. Malet som altertavle til Mandø kirke
Christ leading the robber to Paradise. Altarpiece
Bet. f.n.t.h.: IF.Skovgaard. 1890
119 × 173 cm. Olie og guld på lærred. Erhv. 1897

541
Fire birketræer. Halland. 1890
Four birches. Halland, Sweden
Bet. f.n.t.v.: J.S. 1890.
60,7 × 80,1 cm. Erhv. 1895

542
I dagligstuen. 1894
In the drawing room
Bet. f.n.t.h.: 1894 Joakim Skovgaard
55,1 × 43,5 cm. Olie på træ. Erhv.
1894

543
Studiehoved til fresken, Lazarus' opvækkelse, Viborg domkirke. 1902
Study of a head for "The raising of Lazarus" in the Cathedral in Viborg
Bet. f.n.t.h.: J. S: Viborg 1902
36 × 30 cm. Fresco. Erhv. 1915

544
Englehoved
Head of an angel
34 × 30 cm. Frescoprøve. Gave 1919 fra kunstneren

545
Englehoved
Head of an angel
Bet. f.n.t.h.: I.S.
34 × 30 cm. Frescoprøve. Gave 1919 fra kunstneren

546
Engel. Studie til apsisudsmykning i Lunds domkirke. 1925
Angel. Study for a decoration in

the apse of the Cathedral in
Lund, Sweden

Bet. f.n.t.v.: J.S. 1925
33,7 × 23,4 cm. Tempera på finer.
Erhv. 1928

547
**Udkast til apsismosaik i
Lunds domkirke.** (Ca. 1925)
*Plan for an apse mosaic in the
Cathedral in Lund, Sweden*

Bet. f.n.t.v.: I.S. og t.h.: 192 (?)
52,7 × 75,7 cm. Tempera og guld på
finer. Erhv. 1928

NIELS SKOVGAARD
1858–1938

548
**Hallandsk skovparti med en
studevogn. Gråvejr.** 1880
*View of woods in Halland, Swe-
den, with an oxcart in cloudy
weather*

Bet.: Niels K. Skovgaard 1880
31 × 53 cm. AR 117. Udst. 1888
som tilh. H. Hirschsprung

549
**Efterårsaften noget efter sol-
nedgang.** 1886
*Autumn evening some time af-
ter sunset*

Bet. f.n.t.h.: N. Skovgaard 1886,
Øströö
62,5 × 80 cm. AR 217. Erhv. 1890

550
**Traner i klitterne. Kjærgård.
1894**
*Cranes in the dunes at Kjær-
gård*

Bet. f.n.t.v.: NKS (-monogram) 1894.
Kjærgård.
47 × 81,9 cm. AR 282. Test. gave
1946 fra Oscar H. Hirschsprung

551
**Udsigt fra vor bolig på
Naxos.** 1895
View from our house at Naxos

Bet f.n.t.v.: NKS (-monogram) 1895.
78,9 × 111,3 cm. AR 293. Udst.
1898 som tilh. H. Hirschsprung

P. C. SKOVGAARD
1817–1875

552
Fra Vejby. (Ca. 1836)
View from Vejby

25,1 × 33,1 cm. Olie på papir, op-
klæbet på lærred. Erhv. 1902

553
**Susåens oversvømmelse.
Studie.** (1844)
*Flooding of the Suså river.
Study*

Bet. f.n.t.v. på det ombøjede lær-
red: PCSkovgaard
23,2 × 31,4 cm. Erhv. 1880

554
Ved Halleby å. 1847
View from the Halleby river

Kvæget malet af J. Th. Lundbye
Bet. f.n.t.h.: PCSkovgaard 1847.
48,1 × 66,8 cm. Erhv. 1895

555
Møns klint. Studie. 1849
The cliff at Møn. Study

Bet. f.n.t.v.: PCS. (-monogram) 25
Aug. 1849.
24,2 × 31,8 cm. Erhv. 1900

556
Vejledalen. (1852?)
Landscape. The Vejle valley

29 × 46,4 cm. Erhv. 1876

557
**Pilebuske på en eng. Studie.
1853**
Study of willows in a meadow

Bet. f.n.t.h.: 6 August 1853
39,1 × 42,3 cm. Erhv. 1902

558
*Vinterlandskab. Et bondebryl-
lup. 1854*
Winter landscape. A country
wedding
Bet. f.n.t.v.: PCS (-monogram) 1854
39 × 62,3 cm. Erhv. 1875

559
Ulvedalene. Dyrehaven. Stu-
die. 1863
Ulvedalene. The Royal Deer
Park north of Copenhagen. Stu-
dy
Bet. f.n.t.v.: Septr 1863
36 × 51 cm. Erhv. 1893

560
Sjællandsk landevej. 1864
Country road on Zealand
Bet. f.n.t.v.: 18 Aug: 1864.
28,9 × 54 cm. Erhv. 1875

561
I Søllerød kirkeskov. 1865
View of the church woods at
Søllerød
Bet. f.n.t.h.: 11 Aug 1865–
32,4 × 55,7 cm. Test. gave 1953 fra
Ida og Anna Hirschsprung

562
Formiddag på heden. 1867
Morning on the heath
Bet. f.n.t.h.: 28 Aug 1867
38,5 × 59,2 cm. Erhv. 1876

563
Stockholm. Skærgården. Stu-
die. (Ca. 1867)
Study of the archipelago at
Stockholm. Study
36,8 × 60,8 cm. Erhv. 1936

564
*Sommeraften henimod solens
nedgang. Gisselfeld.* 1873
Summer evening towards sun-
set. Gisselfeld
Bet. f.n.t.h.: PCSkovgaard 1873
46,8 × 70,6 cm. Udst. 1875 som tilh.
H. Hirschsprung

565
*Efterårsaften. Brødebæk møl-
ledam ved Gisselfeld.* 1874
Autumn evening. The millpond
at Brødebæk near Gisselfeld
Bet. f.n.t.h.: PCSkovgaard. 1874
57 × 78 cm. Udst. 1888 som tilh. H.
Hirschsprung

AGNES SLOTT-MØLLER
1862–1937

566
*Herregården Kaas. Salling.
(1895)*
The manor of Kaas. Salling
39 × 62,7 cm. Olie på træ. Erhv.
1896

HARALD
SLOTT-MØLLER
1864–1937

567
Dansk landskab. (1891)
Danish landscape
43 × 72,5 cm. Olie og guld på gips.
Gave 1975 fra Asta Ring Schultz og
Sigurd Schultz

568
Tre kvinder. Sommeraften.
(1895)
Three women. Summer night
83,7 × 108,5 cm. Olie på træ. Erhv.
1895

569
Foråret. (1896)
Spring
120 × 93 cm. Olie på træ. Erhv.
1898

570
Fra Fiesole, henimod aften.
Studie. 1900

Towards evening at Fiesole
Study
Bet. f.n.t.h.: HARALD SLOTT-MØL-
LER-MDCCC.
43 × 61,5 cm. Erhv. 1901

HANS SMIDTH 1839–1917

571
*Husmandsstue. Daugbjerg,
Fjends herred.* Studie.
(1860'erne)
*A smallholder's room. Daug-
bjerg. District of Fjends.* Study
Bet. f.n.t.h.: Hans Smidth
28,7 × 36,4 cm. Erhv. 1900

572
Stue. Fjends herred.
(1860'erne)
*Cottage interior. District of
Fjends*
Bet. f.n.t.h.: Hans Smidth
31,2 × 44,1 cm. Udst. 1902 som tilh.
H. Hirschsprung

573
Stue. Fjends herred. Studie.
(1860'erne)
*Cottage interior. District of
Fjends.* Study
Bet. f.n.t.h.: Hans Smidth
30,8 × 42,1 cm. Olie på papir, op-
klæbet på lærred. Udst. 1902 som
tilh. H. Hirschsprung

574
Studeforspand. Mønsted. Stu-
die. (1870'erne)
*Team of oxen from the village
of Mønsted.* Study
Bet. f.n.t.h.: H. Smidth
29,5 × 41 cm. Erhv. 1900

575
Kone der maler kaffebønner.
Studie. (1870'erne)
Woman grinding coffee beans.
Study
Bet. f.n.t.h.: Hans Smidth
31,7 × 22,8 cm. Udst. 1902 som tilh.
H. Hirschsprung

576
Mand fra Fur. Studie.
(1870'erne)
*Study of a man from the island
of Fur.* Study
Bet. f.n.t.v.: HS
22 × 17,5 cm. Olie på papir, opklæ-
bet på pap. Erhv. 1900

577
Kone fra Fur i nationaldragt.
Studie. (1870'erne)
*Study of a woman from the is-
land of Fur in folk costume*
Bet. f.n.t.h.: HS
22,6 × 17,6 cm. Olie på papir, op-
klæbet på pap. Erhv. 1900

578
Læsende lille pige. Studie.
(1870'erne)
Little girl reading. Study
Bet. f.n.t.v.: Hans Smidth
40 × 33,3 cm. Erhv. 1900

579
Syv figurstudier, monteret på
eet lærred. (1870'erne)
Seven figure studies, mounted
on one canvas
31,6 × 99,7 cm. Erhv. 1900

1. *Siddende dreng*
Boy seated
Bet. f.n.: HS
26,3 × 13,7 cm. Olie på papir

2. *Bærende dreng*
Boy carrying
Bet. f.n.t.h.: HS
30,3 × 14,4 cm

3. *Fejende kone*
Woman sweeping
Bet. f.n.: HS
30,6 × 13,1 cm

4. *Gående mand med stok*
Man walking with a cane
Bet. f.n.t.h.: HS
30,4 × 13,5 cm

5. *Gående kone*
Woman walking
Bet. f.n.t.h.: HS
30,4 × 14 cm

6. *Stående dreng med bog*
Boy with a book, standing
Bet. f.n.t.h.: HS
30,7 × 13 cm

7. *Stående barn*
Child standing
Bet. f.n.t.h.: HS
29,8 × 12,6 cm

580
En retsbetjent på marked.
Studie. (1870'erne)
An officer of justice at the fair.
Study
Bet. f.n.t.v.: Hans Smidth
36,5 × 23,1 cm. Erhv. 1936

581
Pige fra Rye. Studie.
(1870'ernes slutning)
Study of a young woman from
Rye
Bet. f.n.t.h.: HS
34,5 × 14,6 cm. Udst. 1902 som tilh.
H. Hirschsprung

582
Fra Skjødstrup ved Aarhus.
Studie. (1870'ernes slutning)
Landscape from Skjødstrup
near Aarhus. Study
Bet. f.n.t.h.: Hans Smidth
34,7 × 53,7 cm. Erhv. 1900 (?)

583
Fra Ferring ved Bovbjerg. Stu-
die. (1880'ernes begyndelse)
Landscape from Ferring near
Bovbjerg. Study
Bet. f.n.t.h.: Hans Smidth
34,1 × 54,8 cm. Erhv. 1900 (?)

584
Fra Als ved Mariager fjord.
(1890'ernes begyndelse)

Landscape from Als near the
Mariager fjord
Bet. f.n.t.v.: Hans Smidth
63,3 × 106 cm. Erhv. 1900

585
Fra Als ved Mariager fjord.
(1890'erne)
Landscape from Als near the
Mariager fjord
Bet. f.n.t.h.: Hans Smidth
42,5 × 68,9 cm. Udst. 1902 som tilh.
H. Hirschsprung

586
Sunds mølle ved Herning.
(1890'erne)
The mill at Sunds near Herning
Bet. f.n.t.h.: Hans Smidth
64 × 97,6 cm. Udst. 1902 som tilh.
H. Hirschsprung

587
*Pennekas Drallers Kjeltring-
bal.* 1894. Scene fra Steen
Steensen Blicher: Kjeltringliv
Scene from Steen Steensen
Blicher's ''Tinker's Life''
Bet. f.n.t.v.: Hans Smidth.94 og t.h.:
Pennekas-Drallers-Kjeltringbal
61,3 × 96,5 cm. Erhv. 1900

588
Fra alheden ved Kagerup.
Studie. 1895
The heath near Kagerup. Study
Bet. f.n.t.v.: Hans Smidth 1895
39 × 97 cm. Erhv. 1900

589
Fra alheden ved Kagerup.
Studie. (1895)
The heath near Kagerup. Study
Bet. f.n.t.v.: Hans Smidth
34 × 66 cm. Udst. 1902 som tilh. H.
Hirschsprung

590
*Scene fra Steen Steensen Bli-
cher: E Bindstouw.* (1898)
Scene from Steen Steensen Bli-
cher's ''The Knitting Room''

Bet. f.n.t.h.: Hans Smidth
56,1 × 92,7 cm. Erhv. 1900

591
Fra Herning marked. Studie
The Herning fair. Study
Bet. f.n.t.h.: Hans Smidth
18,3 × 33,9 cm. Erhv. 1900

592
Jens Skygge. 1901
Jens Skygge, a tinker
Bet. f.n.t.h.: 1901 Hans Smidth
38,7 × 45,2 cm. Erhv. før 1911

593
Natlig ildebrand på heden.
1904
Cottage on fire on the heath at night
Bet. f.n.t.h.: 1904 Hans Smidth
71 × 124,7 cm. Gave 1962 fra Augustinus Fonden

594
Ildebrand på heden. Studie
Cottage on fire on the heath.
Study
Bet. f.n.t.v.: Hans Smidth
38,1 × 58,9 cm. Erhv. 1936

JØRGEN V. SONNE
1801–1890

595
Snedække bjergtinder
Snow-covered mountain peaks
26,8 × 37,4 cm. Olie på papir, opklæbet på pap. Erhv. 1902

596
Feltvagt i det Slesvigske ved Hammelev i 1848. Tidlig sommermorgen. 1851
Field sentry at Hammelev, Slesvig, the war of 1848. Early summer morning
Bet. f.n.t.h.: I. SONNE 1851
72,3 × 108,5 cm. Erhv. 1894

597
En valplads. Morgenen efter et slag. 1875
Battlefield on the morning after a battle
Bet. f.n.t.h.: J. SONNE. 1875
56,8 × 75,1 cm. Erhv. 1876

598
Høstscene. Sæden køres ind.
1878
Harvest scene with the grain being brought in
Bet. f.n.: I. SONNE. 1878
51,4 × 72,7 cm. Erhv. 1879

FRITZ SYBERG
1862–1939

599
Ved Skoven. Arreskov. 1885
The woods at Arreskov
Bet. f.n.t.h.: FS (-monogram) 1885
43 × 63,3 cm. Erhv. 1932

600
Foråret. 1891–1893
Spring
Bet. f.n.t.v.: 1891–FS (-monogram)
–92–93.
100 × 136,5 cm. Erhv. før 1911

C. F. SØRENSEN
1818–1879

601
Ved Helsingør havn. Studie.
1857
Near the Elsinore harbour.
Study
Bet. f.n.m.f.: 2 August 1857
31,1 × 34,9 cm. Erhv. 1879

602
Sundet ved Helsingør, i bag-grunden Kronborg. 1873
The Sound at Elsinore with Kronborg Castle in the back-ground
Bet. f.n.t.h.: C Frederik Sørensen 1873
50,5 × 66,3 cm. Erhv. 1873

603
Kleven ved Mandal. Solned-gang. Norge. 1877
Narrow ravine near Mandal, at sunset. Norway
Bet. f.n.t.h.: C Frederik Sørensen 1877
70 × 98,5 cm. Erhv. 1892

VILHELM TETENS
1871–1957

604
Den norske maler Oluf Wold-Torne. 1893
Portrait of the Norwegian pain-ter Oluf Wold-Torne
Bet. f.n.t.h.: VT 1893
61 × 49 cm. Erhv. 1942

M. THERKILDSEN
1850–1925

605
Kalvene vandes. (1887?)
Watering the calves
Bet. f.n.t.h.: MTh
52 × 83,2 cm. Erhv. 1887

606
På græs i efterårsvejr. Studie. 1888
Cattle grazing in the autumn. Study
Bet. f.n.t.h.: M Th 88
33,2 × 53,7 cm. Erhv. 1889

607
Mand med et par heste. 1892
Man with a team of horses
Bet. f.n.t.h.: MTh 92
47,5 × 64,3 cm. Erhv. 1903

608
Køer i et fjordlandskab
Fjord landscape with cows
Bet. f.n.t.h.: M Th.
71,3 × 105,9 cm. Erhv. 1903

CARL THOMSEN
1847–1912

609
I aftendæmringen. 1886
As evening falls
Bet. f.n.t.v.: C Th 86.
37,8 × 28,2 cm. Udst. 1888 som tilh. H. Hirschsprung

610
Ludvig Thomsen. Præst i Slaglille og Bjernede
Portrait of the Rev. Ludvig Thomsen
26 × 19,1 cm. Gave 1961 fra Elise Carl Thomsen

A. THORENFELD
1839–1907

611
Fra Vingsted. Vejle. 1869
Landscape from Vingsted. Vejle
Bet. f.n.t.h.: AT (-monogram) 69
32,1 × 53 cm. Erhv. 1895

L. TUXEN 1853–1927

612
Barnepige fra Cayeaux. 1878
Nursemaid from Cayeaux
Bet. f.n.t.h.: L.T. 1878
26,5 × 34,8 cm. Olie på træ. Gave 1959 fra Paula Høegh-Guldberg

613
Susanne i badet. Skitse.
(1879?)
Susanna at the bath. Sketch
35,2 × 26,2 cm. Olie på træ. Erhv.
1904

614
Nøgen kvindelig model. 1880
Nude female model
Bet. f.n.t.v.: L T Roma 1880
75 × 43,2 cm. Erhv. 1897

615
Dronning Victoria. 1894. Studie til: Hertugen af Yorks bryllup
Portrait of Queen Victoria. Study for "The wedding of the Duke of York"
Bet. f.o.: V.R.Windsor 10 Mai 1894
og f.n.t.h.: LT (-monogram)
41 × 30,5 cm. Erhv. 1897

SIGURD WANDEL
1875–1947

616
Kunstneren tegner sin familie i dagligstuen. 1907–08
The artist sketching his family in the living room
Bet. på kunstnerens stol: 07·SW·08
142 × 189 cm. Erhv. 1908

BERTHA WEGMANN
1847–1926

617
Den svenske malerinde Jeanna Bauck. (1887)
Portrait of the Swedish painter Jeanna Bauck
Bet. f.n.t.h.: B Wegmann
49,2 × 31,5 cm. Olie på træ. Test. gave 1913 fra etatsrådinde Ida Ruben

618
Petrea Hirschsprung, født Hertz. 1888
Portrait of Petrea Hirschsprung, née Hertz
Bet. f.n.t.v.: B. Wegmann 1888
53 × 39,2 cm. Olie på træ. Test. gave 1913 fra etatsrådinde Ida Ruben

CARL WENTORF
1863–1914

619
Fra »Trøstens bolig« i Radsted på Lolland. 1890
View from "Consolation house" at Radsted, Lolland
Bet. f.n.t.v.: C. Wentorf 1890.
68 × 96 cm. Erhv. 1890

FR. VERMEHREN
1823–1910

620
Gården i Thotts palæ på Kongens Nytorv. (1845)
From the courtyard of the Thott family town house at Kongens Nytorv, Copenhagen
Bet. f.n.t.v.: FVermehren
49,6 × 37,7 cm. Olie på papir, opklæbet på lærred. Erhv. 1895

621
Hvedebrødsmanden. (1851)
The fancy-bread vendor
47,3 × 39,7 cm. Erhv. 1872

622
Bondestue fra Cervara. Sabinerbjergene. Studie. (1855)
Peasant interior from Cervara. The Sabine Hills. Study
40,4 × 46,4 cm. Erhv. 1876

623

Marie Elisabeth Habbe, født Tegner. (Ca. 1855)

Portrait of Marie Elisabeth Habbe, née Tegner

Bet. f.n.t.h.: FV.
Diameter 17,3 cm. Test. gave 1976 fra Erica Brønnum

624

Gammel kone fra Hellebæk 1857

Portrait of an old woman from Hellebæk

Bet. f.n.t.v.: FV 1857
63,5 × 49,8 cm. Erhv. 1900

625

Et køkken. »Sonnes køkken«. (1872)

Kitchen. ''Sonne's kitchen''

49,3 × 64,1 cm. Erhv. 1872

626

Ung bondekone. 1889

Young farmer's wife

Bet. t.h. ved skulderen: FV 1889
27,7 × 22,7 cm. Gave fra kunstneren 1890

J. F. WILLUMSEN
1863–1958

627

Sønderstrand ved Skagen. Mørkt bygevejr. 1906

The south beach at Skagen in gloomy showery weather

Bet. f.n.t.h.: JFW 1906
50,5 × 61,2 cm. Gave 1961 fra A. M. Hirschsprung & Sønner

CHRISTIAN ZACHO
1843–1913

628

Hedelandskab. Mols. 1867

Heath landscape. Mols

Bet. f.n.t.v.: 14 Aug. 1867. Chr. Zacho
36,5 × 49 cm. Erhv. 1902

629

Bæk i skovens tykning. 1870

Brook in the midst of the woods

Bet. f.n.t.h.: 24 Juni 1870.C.Z.
39,9 × 61,8 cm. Erhv. før 1911

630

Risskov ved forårstid. 1871

Springtime in Risskov

Bet. f.n.t.v.: 16 Mai 1871 Chr Zacho
53,3 × 79,1 cm. Erhv. 1872 (?)

631

Hedelandskab. (1871)

Heath landscape

33,5 × 49,6 cm. Erhv. 1903

KRISTIAN ZAHRTMANN
1843–1917

632

Herman Zahrtmann. Kunstnerens bror. (1872)

Portrait of Herman Zahrtmann. The artist's brother

25,5 × 22,6 cm. D-S 316. Test. gave 1977 fra Merete Zahrtmann

633

Modellen madam Ullebølle. 1874

Portrait of the model Mrs. Ullebølle

Bet. f.o.t.h.: 18 KZ (-monogram) 74
34,5 × 29,1 cm. D-S 358. Erhv. 1875

634

Leonora Christina i fængslet. 1875

The Princess Leonora Christina in prison

Bet. f.n.t.h.: 18 KZ (-monogram) 75
87,5 × 83,7 cm. D-S 363. Erhv. 1888

635

Julie og ammen. Scene fra Shakespeare: Romeo og Julie. 1881

Juliet and her nurse. Scene from Shakespeare's "Romeo and Juliet"

Bet. f.n.t.h.: 18 KZ (-monogram) 81
58,3 × 52,8 cm. D-S 514. Erhv. 1905

636
Interiør fra forrige århundrede. Scene fra Christian VII's hof 1772. 1881

Interior from the last century. Scene from the Court of King Christian VII, 1772

Bet. f.n.t.h.: 18 KZ (-monogram) 81
53 × 70 cm. D-S 519. Deponeret af Statens Museum for Kunst

637
Dronning Sofie Amalies død. 1882. Forstudie til omarbejdet maleri tilh. Statens Museum for Kunst

Death of Queen Sophie Amalie. Preparatory study

Bet. f.n.t.h.: 18 KZ (-monogram) 82
91,4 × 86,1 cm. D-S 528. Erhv. 1888

638
Piger, der bærer kalk. Città d'Antino. 1883

Young women transporting lime. Cività d'Antino

Bet. t.h.: 18 KZ (-monogram) 83
53,1 × 61,5 cm. D-S 541. Erhv. 1884

639
Ambrogio. Città d'Antino. 1883

På bagsiden portrætskitse af leende italienerinde
Bet. f.n.t.h.: 18 KZ (-monogram) 83
26,1 × 18,4 cm. Olie på træ, afrundet f.o. D-S 544. Erhv. 1885

640
Romersk gipser. 1887

Roman plasterer

Bet. f.n.t.h.: 18 KZ (-monogram) 87
86,2 × 78,5 cm. D-S 578. Erhv. 1896

641
Der var engang en konge og en dronning. 1887

Once upon at time there were a king and a queen

Bet. f.n.t.h.: 18 KZ (-monogram) 87
88,9 × 68,7 cm. D-S 585. Erhv. 1887

642
Leonora Christina i Frederiksborg slotshave. 1887

The Princess Leonora Christina in the gardens of Frederiksborg Castle

Bet. f.n.t.h.: 18 KZ (-monogram) 87
56,3 × 76 cm. D-S 611. Erhv. 1891

643
Leonora Christina klædes af og undersøges af dronning Sofie Amalies tjenerinder. 1888

The Princess Leonora Christina being undressed and searched by the servants of Queen Sofie Amalie

Bet. f.n.t.h.: 18 KZ (-monogram) 88
89,2 × 118,8 cm. D-S 613. Erhv. 1900

644
Studenterne drager ud til Københavns forsvar under Frederik III, 1658. 1888

Students of the University led by Frederik III go to the ramparts for the defense of Copenhagen in 1658

Bet. f.n.t.h.: 18 KZ (-monogram) 88
110 × 103 cm. D-S 620. Gave 1954 fra Augustinus Fonden

645
Piger, der bærer vand. Città d'Antino. 1889

Young women carrying water. Cività d'Antino

Bet. f.n.t.h.: 18 KZ (-monogram) 89
46,2 × 61,2 cm. D-S 660. Erhv. 1896

646

Regnvejr. Ravello. 1891

Rainy weather. Ravello

Bet. f.n.t.v.: 18 KZ (-monogram) 91
36,1 × 47,3 cm. D-S 693. Erhv. 1892

647

Interiør med kunstnerens mor. 1891

Interior with the artist's mother

Bet. f.n.t.v.: 18 KZ (-monogram) 91
13,3 × 10,1 cm. Olie på træ. D-S
713. Test. gave 1959 fra M.K. Zahrt-
mann

648

Selvportræt. 1915

Portrait of the artist

Bet. t.h.: 19 KZ (-monogram) 15
12 × 9,5 cm. Oval, olie på elfenben.
D-S 1131. Gave 1968 fra professor
Arne Bertelsen

SKULPTUR

SCULPTURE

CARL AARSLEFF
1852–1918

649

Kentaurbarn. (1896)

Centaur child

H. 21,6 cm. Statuette. Bronze.
Erhv. 1896

H. W. BISSEN 1798–1868

650

Sophie Thiele stående med døtrene Ida og Hanne. (1836)

Mrs. Sophie Thiele with her daughters

H. 17,2 cm. Statuette. Gips. HR 108.
Udst. 1902 som tilh. H. Hirschsprung

651

Billedhuggeren H. E. Freund.
1837

The sculptor H. E. Freund

Bet. bagpå: F 20 Julij 37
H. 13,6 cm. Statuette. Brændt ler.
HR 130. Udst. 1902 som tilh. H.
Hirschsprung

652

Antik jæger med hund. Skitse. 1837

Hunter from antiquity with his dog. Study

Bet. på fodstykket bagtil: 23 Nov.
37
H. 17,4 cm. Statuette. Brændt ler.
HR 140. Udst. 1902 som tilh. H.
Hirschsprung

653

Diana. 1837

Bet. på fodstykkets h. kant: 24 Nov.
37
H. 17,5 cm. Statuette. Brændt ler.
HR 137. Udst. 1902 som tilh. H.
Hirschsprung

654

Frederik VI i kroningsdragt.
Skitse. 1838

Frederik VI in his coronation robes. Study

Bet.: 16 Jan. 38
H. 31,1 cm. Statuette. Brændt ler.
HR 150. Udst. 1902 som tilh. H.
Hirschsprung

655

Thora Borgarhjort. 1838

Bet. på fodstykket bagtil: 16 F 38
og foran f.n.: THORA
H. 19 cm. Statuette. Brændt ler. HR
161. Udst. 1902 som tilh. H. Hirschsprung

656

Ingeborg. Skitse. 1838

Ingeborg. Study

Bet. på fodstykket bagtil: 15 Juni 38
og foran f.n.: Ingeborg
H. 18,7 cm. Statuette. Brændt ler.
HR 184. Udst. 1902 som tilh. H.
Hirschsprung

657

Istedløven. (1859?). Skitse til
Flensborg-monumentet

The Isted lion. Study

H. 46 cm. Statuette. Brændt ler. HR
513. Erhv. 1900

658

**Siddende kvinde i antikt
kostume**

Seated woman in classical
dress

H. 5,7 cm. Statuette. Galvanoplast,
fældet i bronze. HR 691. Udst. 1902
som tilh. H. Hirschsprung

VILHELM BISSEN
1836–1913

659

Vildsvin dræber Adonis. Skitse. 1862

Death of Adonis. Study

Bet. under ryggen: 30 Juni 1862
Rom ADONIS
H. 13,6 cm. Statuette. Brændt ler.
Gave 1931 fra overlæge M. Brun-
Pedersen

660

Stående bøffel. 1867

Buffalo

Bet. ovenpå fodstykket: V. Bissen
1867
H. 18,1 cm. Model til en statuette.
Støbt voks. Udst. 1902 som tilh. H.
Hirschsprung

661

**Merkur som dreng danner
staven.** 1879

Mercury as a boy fashioning his
staff

Bet. bagpå plinten: V:BISSEN fec.
1879
H. 92,5 cm. Statuette. Marmor.
Erhv. 1881

662

Elefant. 1880

Elephant

Bet. ovenpå fodstykket: V. Bissen
Febr. 1880
H. 18,6 cm. Statuette. Brændt ler,
bemalet. Udst. 1902 som tilh. H.
Hirschsprung

663

Kvinde, der maler potter. Skitse. 1881

Woman painting pottery. Study

Bet. på bagsiden: 25 April 1881
H. 21,4 cm. Statuette. Brændt ler.
Udst. 1902 som tilh. H. Hirsch-
sprung

CARL J. BONNESEN
1868–1933

664

Fra hunnernes tid. Skitse.
1890

From the age of the Huns. Stu-
dy

Bet. under hestens v. side: C. J.
Bonnesen Den 28.11.90 Charlotten-
borg
H. 26,4 cm. Statuette. Brændt ler.
Udst. 1902 som tilh. H. Hirsch-
sprung

665

En barbar. Rytterstatue. (1891)

Barbarian. Equestrian statue

Bet. ovenpå plinten: Carl J. Bonne-
sen Charlottenborg Okt. 1890. Stø-
bermærke
H. 142 cm. Bronze. Udst. 1902 som
tilh. H. Hirschsprung

666

En ulykkelig. Skitse. 1894

Unhappiness. Study

Bet. bagpå: C. J. Bonnesen Charlot-
tenborg 1894
H. 12,7 cm. Statuette. Brændt ler.
Udst. 1902 som tilh. H. Hirsch-
sprung

667

Adam og Eva ved Abels lig.
Skitse. 1899.

Adam and Eve by the body of
Abel. Study

Bet. på fodstykkets h. side: Carl J.
Bonnesen 26.7.-99
H. 17,6 cm. Statuette. Brændt ler.
Udst. 1902 som tilh. H. Hirsch-
sprung

668

Ung nøgen kvinde, stående.
1900

Standing young female nude

Bet. på fodstykket: C.J.B. 5.-9.-1900
H. 35,4 cm. Statuette. Gips. Erhv.
1902

669

Døden og Amor. 1901. Skitse
til kat. no. 671

Death and Cupid. Study for cat.
no. 671

Bet. på fodstykket: Carl J. Bonne-
sen. 20.-4.-01
H. 34,1 cm. Statuette. Gips. Udst.
1902 som tilh. H. Hirschsprung

670

Danserinde med tamburin.
1902

Dancer with tambourine

Bet. på fodstykket: Carl J. Bonne-
sen 25.-3.-02
H. 40 cm. Statuette. Gips. Erhv.
1902

671

Døden og Amor. 1905

Death and Cupid

Bet. på fodstykket: C.J.B.1905
H. 52,7 cm. Statuettegruppe. Bron-
ze. Gave 1912 fra kunstneren

LUDVIG BRANDSTRUP

1861–1935

672

*Komtesse Olga Moltke-Huit-
feldt, siddende.* 1888

*The Countess Olga Moltke-
Huitfeldt seated*

Bet. under stolen: 20/9.88
H. 24,2 cm. Statuette. Brændt ler.
Test. gave 1940 fra Mogens Brand-
strup

673

*Komtesse Olga Moltke-Huit-
feldt, stående.* (1888)

*The Countess Olga Moltke-
Huitfeldt standing*

H. 22,1 cm. Statuette. Brændt ler.
Test. gave 1940 fra Mogens
Brandstrup

674

Pauline Hirschsprung. Stifte-
rens hustru. 1897

Mrs. Pauline Hirschsprung. The
founder's wife

Bet. bagpå f.n.t.h.: LB 1897
H. 47,1 cm. Buste. Marmor. Udst.
1902 som tilh. H. Hirschsprung

675

Kunstnerens mor. (1897)

The artist's mother

H. 28,5 cm. Maske. Bronze. Gave
1939 efter Mogens Brandstrup

676

Christian IX til hest. (1899).
Model til rytterstatuen i Es-
bjerg

Christian IX on horseback

H. 89,4 cm. Statuette. Gips. Erhv.
før 1911

677

*Professor Harald Hirsch-
sprung.* 1900

Bet. bagpå: LB 14 DCBR 1900
H. 43,6 cm. Buste. Marmor. Test.
gave 1953 fra Ida og Anna Hirsch-
sprung

678

Birgit. Barnebuste. 1904

Birgit. Bust of a child

Bet. bagpå f.n.: LB 1904
H. 36,2 cm. Marmor. Erhv. 1906

679

Foråret. 1906

Spring

Bet. bagpå stubben: LB 1906
H. 28,6 cm. Statuette. Brændt ler,
lakeret. Test. gave 1940 fra Mogens
Brandstrup

680

Kvinde med udslået hår

Female nude

Bet. bagpå: LB 190( )
H. 25,7 cm. Statuette. Gips. Test.
gave 1940 fra Mogens Brandstrup

681

Arkæologen Georg Zoëga.
(1909?). Skitse til statue ved
Ny Carlsberg Glyptotek

The archaeologist Georg Zoë-
ga. Study

H. 32,3 cm. Statuette. Ubrændt ler.
Gave 1949 fra Ida og Anna Hirsch-
sprung

682

Mogens. Barnebuste

Mogens. Bust of a child

Bet. foran f.n.: MOGENS
H. 34,1 cm. Marmor. Gave 1939 ef-
ter Mogens Brandstrup

683

Hedeskovdyrkeren Georg
Morville, stående. Skitse

The planter Georg Morville
standing. Study

H. 36,9 cm. Statuette. Brændt ler.
Test. gave 1940 fra Mogens Brand-
strup

684

Hedeskovdyrkeren Georg
Morville, siddende. Skitse

The planter Georg Morville sea-
ted. Study

H. 35,2 cm. Statuette. Brændt ler.
Test. gave 1940 fra Mogens Brand-
strup

685

Siddende nøgen kvinde

Seated female nude

H. 32,5 cm. Statuette. Brændt ler,
lakeret. Test. gave 1940 fra Mogens
Brandstrup

686

Astronomen Ole Rømer. Skit-
se

The astronomer Ole Rømer.
Study

H. 34,7 cm. Statuette. Brændt ler.
Test. gave 1940 fra Mogens Brand-
strup

687

Amagerpige

Girl from Amager in folk costu-
me

H. 24,2 cm. Statuette. Brændt ler.
Test. gave 1940 fra Mogens Brand-
strup

688

Hebe

H. 25,8 cm. Statuette. Voks. Test.
gave 1940 fra Mogens Brandstrup

689

Ung stående, nøgen mand.
Skitse

Standing young male nude. Stu-
dy

H. 22,9 cm. Statuette. Brændt ler.
Test. gave 1940 fra Mogens Brand-
strup

CHRISTEN
CHRISTENSEN

1806–1845

690

Ramme med 9 medaljer

Nine bronze medals in a frame

30 × 51,3 cm. Bronze. Test. gave
1911 fra maleren A. Mackeprang

691

Ramme med 18 medaljer

Eighteen bronze medals in a
frame

29,6 × 51,2 cm. Bronze. Test. gave
1911 fra maleren A. Mackeprang

O. EVENS 1826–1895

692

Moderkærlighed. Skitse. 1856

Maternal love. Study

Bet. på fodstykket: Evens 1856
H. 18,9 cm. Statuette. Brændt ler.
Udst. 1902 som tilh. H. Hirsch-
sprung

693
Dreng, der skal til at bade.
(1856)

Boy about to swim

Bet. bagpå fodstykket: O. Evens
H. 25,2 cm. Statuette. Gips. Erhv.
1871

694
Ung pige med en kylling på
skødet. Skitse. 1859

Young woman with a chicken in
her lap. Study

Bet. bagpå: ROMA 1859 Evens
H. 18,5 cm. Statuette. Brændt ler.
Udst. 1902 som tilh. H. Hirsch-
sprung

695
Maleren C. W. Eckersberg.
Skitse. (1865)

The painter C. W. Eckersberg.
Study

H. 17,7 cm. Statuette. Brændt ler.
Udst. 1902 som tilh. H. Hirsch-
sprung

696
Historieskriveren Saxo. 1867.
Skitse til kat. no. 697

Saxo, author of a medieval Da-
nish chronicle. Study for cat.
no. 697

Bet. bagpå: Evens. 1867.
H. 18,9 cm. Statuette. Brændt ler.
Erhv. før 1911

697
Historieskriveren Saxo. 1869

Saxo, author of a medieval Da-
nish chronicle

Bet. på stoleryggen: O. Evens.
1869. og foran f.n.: SAXO
H. 61,6 cm. Statuette. Gips, bema-
let. Udst. 1902 som tilh. H. Hirsch-
sprung

698
Politikeren Orla Lehmann.
1874

The politician Orla Lehmann

Bet. ved halsen: d. 24/4 1874. O.
Evens.
Diameter 52 cm. Relief. Gips. Test.
gave 1911 fra fabrikant Carl L. Fre-
deriksen

699
Den islandske historieskriver
Snorri Sturluson. 1882. Skitse
til en statue

The recorder of Icelandic sagas
Snorri Sturluson. Study

Bet. under stolens h.s.: O. Evens.
1882. og foran f.n.: SNORRE STUR-
LESON
H. 68,5 cm. Statuette. Gips. Udst.
1902 som tilh. H. Hirschsprung

700
Kampen om Patroklos' lig

The fight for the body of
Patroclus

Bet. f.n.t.h.: Evens
24 × 49,8 cm. Relief. Gips. Erhv. før
1911

701
Musikens Pantheon

The Pantheon of Music

42,5 × 96,5 cm. Relief. Gips. Test.
gave 1911 fra fabrikant Carl L. Fre-
deriksen

GEORG CHRISTIAN
FREUND 1821–1900

702
Bortførelsen af palladiet.
Skitse. 1848

The theft of the Palladium. Stu-
dy

Bet. ovenpå fodstykket: 3 Martz 48
H. 21,3 cm. Statuette. Brændt ler.
Erhvervelsesår ukendt

703
Odysseus. Skitse. 1848
Ulysses. Study
Bet. på fodstykkets h.s.: 24 Aug. 48
GCF.
H. 17,6 cm. Statuette. Brændt ler.
Udst. 1902 som tilh. H. Hirsch-
sprung

704
Møntmester J. F. Freund.
(Modelleret 1849?)
The coin maker J. F. Freund
Bet. ved rygkanten: 1785 I. F.
FREUND. 1857.
H. 59,5 cm. Buste. Gips. Udst. 1902
som tilh. H. Hirschsprung

705
Penelope med Odysseus bue.
(1850?)
Penelope with Ulysses' bow
Bet. bagpå f.n.; GCF. 5 (?)
H. 21,7 cm. Statuette. Ubrændt ler.
Erhvervelsesår ukendt

706
Bocciaspiller. Skitse. 1851
Boccia player. Study
Bet. på fodstykket: K.d. 27. Sept. 51
H. 22,1 cm. Statuette. Brændt ler.
Udst. 1902 som tilh. H. Hirsch-
sprung

707
Fiskerdreng. Skitse. 1852
Fisherman's boy. Study
Bet. bagpå stubben: GCFr. 24/1 52
H. 22 cm. Statuette. Brændt ler.
Udst. 1902 som tilh. H. Hirsch-
sprung

708
Spindersken. Skitse. 1854
Woman spinning. Study
Bet. bagpå: GCF. R.19/12 54.
H. 19,5 cm. Statuette. Brændt ler.
Udst. 1902 som tilh. H. Hirsch-
sprung

709
Narcissus. Skitse. 1856
Narcissus. Study
Bet. bagpå: R. 1 Aug. 56 Narcis
H. 22,4 cm. Statuette. Brændt ler.
Udst. 1902 som tilh. H. Hirsch-
sprung

710
Aktæon angribes af sine hun-
de. Skitse. 1858
*Actaeon set upon by his
hounds. Study*
Bet. ovenpå fodstykket: R.19/5 58.
H. 29,8 cm. Statuette. Brændt ler.
Udst. 1902 som tilh. H. Hirsch-
sprung

711
Lille pige med sin kat. 1865
Little girl with her cat
Bet. på plintens kant ved barnets
nakke: C. Freund. Scult. danese
Fec. Roma. 1865.
H. 19,4 cm. Statuette. Marmor.
Erhv. 1872

712
Mosesbarnet sættes mellem
sivene. Skitse. 1866
*The infant Moses laid in the
reeds. Study*
Bet. på fodstykkets bagkant: G.C.F.
14/8 66 og foran f.n.: Moses
H. 19,6 cm. Statuette. Brændt ler.
Udst. 1902 som tilh. H. Hirsch-
sprung

713
Mosesbarnet forevises Faraos
datter. Skitse. 1866
*The infant Moses shown to
Pharaoh's daughter. Study*
Bet. på fodstykket: GCFr. 23/8 66
Moses
H. 26,7 cm. Statuette. Brændt ler.
Udst. 1902 som tilh. H. Hirsch-
sprung

714
Diana. 1866
Bet. bagpå fodstykket: GCFr.29/8
66 og foran: Diana

H. 26,4 cm. Statuette. Brændt ler.
Erhvervelsesår ukendt

715
Andromeda. Skitse. 1866
Andromeda. Study
Bet. på fodstykket: GCFr.17/9 66
og foran: Andromeda
H. 19,9 cm. Statuette. Brændt ler.
Udst. 1902 som tilh. H. Hirsch-
sprung

716
Rebecca. Skitse. 1868
Rebecca. Study
Bet. bagpå fodstykket: G.C.Fr.30/5
68 og foran: Rebecca
H. 24,2 cm. Statuette. Brændt ler.
Erhvervelsesår ukendt

717
**Chloe. 1884. Efter H. E.
Freunds: Uskyldigheden der
opklækker et lam**
Chloë
Bet. bagpå: C.F. 19/11 84.
H. 27,3 cm. Statuette. Gips. Udst.
1902 som tilh. H. Hirschsprung

718
Kvinde ved badet. 1890
Woman bathing
Bet. bagpå krukken: GCF 90.
H. 26,2 cm. Statuette. Brændt ler.
Erhv. før 1911

719
Prins Paris. 1893
Prince Paris
Bet. bagpå støtten: G.C.F. 7/5 93.
Paris.
H. 20,1 cm. Statuette. Brændt ler.
Erhvervelsesår ukendt

720
**Mor med sit barn ved brystet.
Skitse. 1893**
Mother nursing her child. Study
Bet. bagpå: GCF 4/7 93.
H. 21 cm. Statuette. Brændt ler.
Udst. 1902 som tilh. H. Hirsch-
sprung

721
**Kvinde ved badet. Skitse.
1893**
Woman bathing. Study
Bet. ovenpå fodstykket: G.C.F.
14/7·93.
H. 22,1 cm. Statuette. Brændt ler.
Udst. 1902 som tilh. H. Hirsch-
sprung

722
En fisker. Skitse. (1894)
Fisherman. Study
H. 17,2 cm. Statuette. Sortbrændt
ler. Udst. 1902 som tilh. H. Hirsch-
sprung

723
**Mor med barn på skuldrene.
1899**
*Mother with child on her
shoulder*
Bet. på fodstykket: G.C.Fr. 1899
H. 23,7 cm. Statuette. Brændt ler.
Erhvervelsesår ukendt

724
**De troende tilbeder Peters
statue. 1899**
*The faithful worshipping at the
statue of St. Peter*
Bet. foran f.n.: G.C.F. 1899 fra Pe-
terskirken i Rom. 1857.
67,4 × 60 cm. Relief. Gips. Erhver-
velsesår ukendt

725
Sørgende kvinde. Gravrelief
*Woman mourning. Funerary
relief*
Bet. f.n.t.h.: GCF 19/9
60 × 47 cm. Gips. Udst. 1902 som
tilh. H. Hirschsprung

726
Sørgende kvinde. Gravrelief
*Woman mourning. Funerary
relief*
25,7 × 22,2 cm. Gips. Udst. 1902
som tilh. H. Hirschsprung

727

Sørgende kvinde ved en grav-urne. Gravrelief

Woman mourning. Funerary relief

57,2 × 49,2 cm. Gips. Udst. 1902 som tilh. H. Hirschsprung

HERMANN ERNST FREUND 1786–1840

728

Loke. (1822)

Bet. på fodstykkets bagkant: H. E. Freund. Rom.
H. 31 cm. Statuette. Bronze. Udst. 1902 som tilh. H. Hirschsprung

729

Afskeden. (1836). Skitse til et gravrelief

The farewell. Sketch for a funerary relief

36,5 × 29 cm. Gips. Udst. 1902 som tilh. H. Hirschsprung

730

Frederik VI's dødsmedalje. Skitse. (1839)

Medal commemorating the death of Frederik VI. Study

Bet. f.n.: H. E. Freund
Diameter 28,5 cm. Gips. Udst. 1902 som tilh. H. Hirschsprung

731

Danmark med hænderne løf-tede mod himlen. (1840). Skit-se til Christian VIII's tronbe-stigelsesmedalje

Denmark imploring Heaven. Study

Bet. f.n.: H. E. Freund
Diameter 23,5 cm. Gips. Udst. 1902 som tilh. H. Hirschsprung

732

Danmark med Håbet på sin fremstrakte hånd. (1840). Skit-se til Christian VIII's tronbe-stigelsesmedalje

Denmark with Hope in her out-stretched palm. Study

Diameter 26 cm. Gips. Udst. 1902 som tilh. H. Hirschsprung

733

Kristus. (1840)

Christ

48,2 × 40 cm. Relief. Gips. Udst. 1902 som tilh. H. Hirschsprung

734

Knælende kvinde, der i sorg dækker sit ansigt med hæn-derne

Woman on her knees grieving

28,8 × 21 cm. Relief. Gips. Udst. 1902 som tilh. H. Hirschsprung

735

Tidens genius med timeglas-set

The spirit of Time with an hourglass

52,7 × 35,4 cm. Relief. Gips. Udst. 1902 som tilh. H. Hirschsprung

736

Historiens muse

The muse of history

20,5 × 19,3 cm. Relief. Gips. Udst. 1902 som tilh. H. Hirschsprung

F. HERTZOG 1821–1892

737

Farisæeren. Skitse

The Pharisee. Study

H. 23,1 cm. Statuette. Brændt ler. Udst. 1902 som tilh. H. Hirschsprung

738

Tolderen. Skitse

The Publican. Study

H. 23,7 cm. Statuette. Brændt ler. Udst. 1902 som tilh. H. Hirschsprung

739

**Marie Magdalene med salve-
krukken.** Skitse

Mary Magdalene. Study

H. 21,2 cm. Statuette. Brændt ler.
Udst. 1902 som tilh. H. Hirsch-
sprung

J. A. JERICHAU

1816–1883

740

Barnemordet i Bethlehem

Slaughter of the Innocents

Bet. bagpå fodstykket: J. A. Jeri-
chau
H. 23,5 cm. Statuette. Brændt ler.
Erhv. før 1911

741

Leda med svanen

Leda and the swan

H. 23,5 cm. Statuette. Brændt ler.
Udst. 1902 som tilh. H. Hirsch-
sprung

742

**Amor hvisker en ung pige i
øret.** Skitse

*Cupid whispering in the ear of a
young woman.* Study

Bet. bagpå f.n.: I.A. IERICHAU
H. 16,4 cm. Statuette. Brændt ler.
Erhv. før 1911

743

Pige der fodrer duer. Skitse

Girl feeding pigeons. Study

H. 16 cm. Statuette. Brændt ler.
Erhv. før 1911

744

**Amor lærer en ung hyrde at
blæse på fløjte**

*Cupid teaching a young
shepherd to pipe*

15,4 × 21 cm. Relief. Brændt ler.
Erhv. før 1911

P. S. KRØYER 1851–1909

745

Bonde fra Abruzzerne. 1880

Peasant from the Abruzzi

Bet. under v. skulder: S Krøyer So-
ra 188(0)
H. 40,3 cm. Buste. Gips. Udst. 1902
som tilh. H. Hirschsprung

746

Heinrich Hirschsprung. Sam-
lingens stifter. 1881

Heinrich Hirschsprung, founder
of the museum

Bet. ved v. skulderkant: Krøyer 1881
H. 37,9 cm. Buste. Brændt ler, be-
malet. Gave 1974 fra Herbert
Hirschsprung

747

Heinrich Hirschsprung. Sam-
lingens stifter. (1881)

Heinrich Hirschsprung, founder
of the museum

Afstøbning af kat. no. 746. H. 42
cm. Buste. Gips, bemalet. Udst.
1902 som tilh. H. Hirschsprung

748

Violinisten Anton Svendsen.
1881

The violinist Anton Svendsen

Bet. på v. side: Til Anton Svendsen
S. Krøyer 1881.
H. 47,6 cm. Buste. Gips. Udst. 1902
som tilh. H. Hirschsprung

749

Skagensfisker. 1882

Skagen fisherman

Bet. på ryggen: S. Krøyer 1882
H. 40,7 cm. Buste. Gips, bemalet.
Udst. 1902 som tilh. H. Hirsch-
sprung

750

Digteren Holger Drachmann.
(1882)

The poet Holger Drachmann

Bet. bagpå: P S Krøyer Skagen
H. 44,8 cm. Buste. Gips. Udst. 1902
som tilh. H. Hirschsprung

751
Den norske forfatter Alexander L. Kielland. 1883
The Norwegian writer Alexander L. Kielland
Bet. på v. skulder: S.Krøyer 1883
H. 42,6 cm. Buste. Gips. Erhv. før 1911

752
Zoologen J. C. Schiødte. 1883
The zoologist J. C. Schiødte
Bet. på v. skulder: S.Krøyer 1883
H. 47,8 cm. Buste. Gips. Udst. 1902 som tilh. H. Hirschsprung

753
Maleren Michael Ancher.
1884
The painter Michael Ancher
Bet. under ryggen: S.Krøyer Skagen 84
H. 38,2 cm. Buste. Gips, bemalet.
Udst. 1902 som tilh. H. Hirschsprung

754
Malerinden Anna Ancher.
(1884)
The painter Anna Ancher
H. 34,8 cm. Buste. Gips, bemalet.
Udst. 1902 som tilh. H. Hirschsprung

755
Den svenske maler Oscar Björck. 1888
The Swedish painter Oscar Björck
Bet. på ryggen: Til Björck S.Krøyer 88
H. 22,5 cm. Buste. Gips. Udst. 1902 som tilh. H. Hirschsprung

756
Lægen Rudolph Bergh. 1894
The physician Rudolph Bergh
Bet. på ryggen: S.Krøyer 1894 og foran på soklen den portrætteredes signatur: R. Bergh 94
H. 54,6 cm. Buste. Gips. Udst. 1902 som tilh. H. Hirschsprung

757
Forfatteren Sophus Schandorph. (1898)
The writer Sophus Schandorph
H. 25,3 cm. Buste. Plastelina. Erhv. 1954

758
Vibeke. Kunstnerens datter. Barnebuste
Vibeke. The artist's daughter. Bust of a child
Bet. bagpå f.n.: P.S.Krøyer, Skagen
H. 36,8 cm. Plastelina. Erhv. før 1911

ANDREAS PAULSEN
1836–1915

759
Natten (?). Skitse. 1875
Night(?). Study
Bet. bagpå f.n.: AP.1875
H. 27,5 cm. Statuette. Brændt ler.
Erhvervelsesår ukendt

760
General Schleppegrell. 1879. Skitse til bronzestatue i Aalborg
General Schleppegrell. Study
Bet. bagpå f.n.: A.Paulsen 26/1 79.
H. 44,8 cm. Statuette. Brændt ler.
Udst. 1902 som tilh. H. Hirschsprung

761
General Schleppegrell. (1879). Forarbejde til samme statue som kat. no. 760
General Schleppegrell. Study
H. 107 cm. Statuette. Gips. Udst. 1902 som tilh. H. Hirschsprung

762
Frederik III. Skitse til et påtænkt monument i Fredericia
King Frederik III. Study
H. 79,5 cm. Statuette. Gips. Erhv. 1901

C. C. PETERS 1822–1899

763
Herkules dræber to slanger.
1849. Skitse til kat. no. 764
Hercules killing two snakes.
Study for cat. no. 764

Bet. bagpå fodstykket: CP 1/1 49
H. 10,8 cm. Statuette. Brændt ler.
Erhv. 1933

764
Herkules dræber to slanger.
(1849)
Hercules killing two snakes

Bet. på plinten under ryggen:
PETERS
H. 45,5 cm. Statuette. Marmor.
Udst. 1902 som tilh. H. Hirsch-
sprung

765
Faun, der har stjålet vin. 1852
Faun who has stolen wine

Bet. bagpå plinten: CP ROM 13 IAN
1852
H. 66,5 cm. Statuette. Gips. Udst.
1902 som tilh. H. Hirschsprung

766
Pige med en håndten. Skitse.
1853
Young woman with spindle.
Study

Bet. bagpå: 53
H. 26,5 cm. Statuette. Brændt ler.
Udst. 1902 som tilh. H. Hirsch-
sprung

767
Dansende faun, der spiller på
dobbeltfløjte. (1853)
Dancing faun playing pipes

H. 30,1 cm. Statuette. Gips, bronze-
ret. Erhv. før 1911

768
Hyrdedreng. 1856
Shepherd boy

Bet. på plinten: 8 Fbr 56
H. 156 cm. Statue. Gips. Test. gave
1902 fra etatsrådinde Prebia Peters

769
Ceres. Skitse. 1858
Ceres. Study

Bet. bagpå f.n.: 4/3 58 CP
H. 23,1 cm. Statuette. Brændt ler.
Erhvervelsesår ukendt

770
Ung pige med kranse. Skitse.
1861
Young woman with wreath. Stu-
dy

Bet. bagpå støtten: 3/6.61
H. 16,5 cm. Statuette. Brændt ler,
bemalet. Udst. 1902 som tilh. H.
Hirschsprung

771
Moses med lovens tavler.
Skitse. 1862
Moses with the tables. Study

Bet. bagpå f.n.: 31 Oct 62
H. 26,6 cm. Statuette. Brændt ler.
Udst. 1902 som tilh. H. Hirsch-
sprung

772
Abel. Skitse. 1863
Abel. Study

Bet. bagpå: 29 Juli 63 og foran:
ABEL
H. 25,2 cm. Statuette. Brændt ler.
Udst. 1902 som tilh. H. Hirsch-
sprung

773
Kvinde med en pauke. Skitse.
1864
Woman with a drum. Study

Bet. på fodstykket: 64
H. 22,7 cm. Statuette. Brændt ler.
Udst. 1902 som tilh. H. Hirsch-
sprung

774
Kain og Abel. Skitse. 1864
Cain and Abel. Study

Bet. bagpå fodstykket: Dcbr. 64
H. 21 cm. Statuettegruppe. Brændt
ler. Udst. 1902 som tilh. H. Hirsch-
sprung

775
Frederik VII, siddende. Skitse. 1865
Frederik VII seated. Study
Bet. på sokkelens v. kant: CP 15 Jan 65
H. 24,2 cm. Statuette. Brændt ler. Udst. 1902 som tilh. H. Hirschsprung

776
Den gamle Johannes med to disciple. Skitse. 1873
The aged St. John with two disciples. Study
Bet. bagpå: CP 25/9 73 og foran: B:ELSKER HVERANDRE
H. 26 cm. Statuettegruppe. Brændt ler. Udst. 1902 som tilh. H. Hirschsprung

777
Den gamle Johannes med ørnen. Skitse
The aged St. John the Evangelist. Study
H. 25,1 cm. Statuettegruppe. Brændt ler. Udst. 1902 som tilh. H. Hirschsprung

778
Diogenes. Skitse. 1873
Diogenes. Study
Bet. på støttens v. side: CP 73
H. 23,4 cm. Statuette. Brændt ler. Erhv. 1889

779
Billedhuggeren Bertel Thorvaldsen. Skitse. 1875
The sculptor Bertel Thorvaldsen. Study
Bet. bagpå stolen: CP Dcb 1875
H. 25,3 cm. Statuette. Brændt ler. Udst. 1902 som tilh. H. Hirschsprung

780
H. C. Andersen. Skitse
Hans Christian Andersen. Study
H. 19,5 cm. Statuette. Brændt ler. Udst. 1902 som tilh. H. Hirschsprung

781
Diogenes. Skitse. 1876
Diogenes. Study
Bet. på fodstykket: 22/9 76 cP
H. 22,6 cm. Statuette. Brændt ler. Udst. 1902 som tilh. H. Hirschsprung

782
Diogenes-hoved
Head of Diogenes
H. 7 cm. Voks. Udst. 1902 som tilh. H. Hirschsprung

783
Diogenes søgende »et menneske«. (1877). Model til en bronzestatuette
Diogenes looking for an honest man
H. 78 cm. Statuette. Gips. Udst. 1902 som tilh. H. Hirschsprung

784
Digterne Johan Herman Wessel og Johannes Ewald. Skitse. 1877
The poets Johan Herman Wessel and Johannes Ewald. Study
Bet. bagpå fodstykket: CP.77 og foran: Vessel Evald
H. 19,8 cm. Statuettegruppe. Brændt ler. Udst. 1902 som tilh. H. Hirschsprung

785
Admiral Niels Juel. 1877. Skitse til monument
The admiral Niels Juel. Study
Bet. bagpå f.n.: CP 1.Sptbr. 77 og foran: NIELS JUEL
H. 28,5 cm. Statuette. Brændt ler. Erhv. før 1911

786
Niels Ebbesen til hest. Skitse. 1878
Niels Ebbesen on horseback. Study
Bet. bagpå f.n.: juli 1878 CP og på siden: Nils Ebbesen
H. 29,2 cm. Statuette. Brændt ler.

Udst. 1902 som tilh. H. Hirsch-
sprung

787

Sokrates. **Skitse. 1879**

Socrates. Study

Bet. på v. side: 11/4 79 CP
H. 25,2 cm. Statuette. Brændt ler.
Erhvervelsesår ukendt

788

Sokrates. **Skitse. 1879**

Socrates. Study

Bet. bagpå: CP 79 og foran f.n.:
Sokrates (med græske bogstaver)
H. 22,1 cm. Statuette. Brændt ler.
Erhvervelsesår ukendt

789

*Digteren Johan Herman Wes-
sel.* **Skitse. 1879**

*The poet Johan Herman Wes-
sel.* Study

Bet. bagpå: CP 79
H. 22,6 cm. Statuette. Brændt ler.
Udst. 1902 som tilh. H. Hirsch-
sprung

790

Digteren Johannes Ewald.
Skitse. (1879?)

The poet Johannes Ewald.
Study

Bet. på fodstykket: CP
H. 15,8 cm. Statuette. Brændt ler,
bemalet. Udst. 1902 som tilh. H.
Hirschsprung

791

Silén med to fauner. **Skitse.
1882**

Silenus with two fauns. Study

Bet. bagpå: CP 82
H. 20,9 cm. Statuettegruppe.
Brændt ler. Udst. 1902 som tilh. H.
Hirschsprung

792

Hoseas. **Skitse. 1884**

Hoseas. Study

Bet. bagpå f.n.: 20/7 84 CP og for-
an: HOSEAS

H. 18,6 cm. Statuette. Brændt ler.
Udst. 1902 som tilh. H. Hirsch-
sprung

793

Joel. **Skitse. 1884**

Joel. Study

Bet. bagpå f.n.: CP 22/7 84 og for-
an: JOEL
H. 18 cm. Statuette. Brændt ler.
Udst. 1902 som tilh. H. Hirsch-
sprung

794

Mika. **Skitse. (1884)**

Micah. Study

Bet. bagpå: 25/7 CP og foran: MIKA
H. 16,8 cm. Statuette. Brændt ler.
Udst. 1902 som tilh. H. Hirsch-
sprung

795

Sokrates for rådet i Athen.
1884. Skitse til kat. no. 796

The trial of Socrates. Study for
cat. no. 796

Bet. f.n.m.f.: 2 Nvbr 84 C.P.
19,5 × 58,8 cm. Relief. Brændt ler.
Udst. 1902 som tilh. H. Hirsch-
sprung

796

Sokrates for rådet i Athen.
(1885)

The trial of Socrates

Defekt. Relief. Gips. Udst. 1902
som tilh. H. Hirschsprung

797

*N.F.S. Grundtvig stående ved
en døbefont.* **Skitse. 1885**

*N.F.S. Grundtvig by a baptismal
font.* Study

Bet. bagpå: 22/3 85 CP og foran:
GRUNDTVIG
H. 21,4 cm. Statuette. Brændt ler.
Erhvervelsesår ukendt

798

Krysostomos. **Skitse. 1885**

Saint John Chrysostom. Study

Bet. bagpå: Krysostom(os) d. ( )
85.CP
H. 20,2 cm. Statuette. Brændt ler.
Erhvervelsesår ukendt

799
Admiral Herluf Trolle. Skitse. 1885
The admiral Herluf Trolle. Study

Bet. bagpå f.n.: 1885
H. 19,8 cm. Statuette. Brændt ler.
Udst. 1902 som tilh. H. Hirsch-
sprung

800
Kunstneren og hans hustru. 1885
Portrait relief of the artist and his wife

Bet. på underkanten: CP 85
Diameter 46 cm. Relief. Gips. Gave
1940 fra arvingerne efter Niels
Pindstofte

801
Ahasverus på vandring. 1892. Model til en bronzestatuette
The wandering Ahasuerus

Bet. bagpå fodstykket: C.P.92
H. 28,9 cm. Statuette. Gips, bema-
let. Udst. 1902 som tilh. H. Hirsch-
sprung

802
Odysseus med sin hund Argos. Skitse. 1896
Ulysses with his dog Argos. Study

Bet. på fodstykket: Odysseus CP.
1/2 96
H. 26,8 cm. Statuettegruppe.
Brændt ler. Erhvervelsesår ukendt

803
Digteren Johannes Ewald. Skitse. 1896
The poet Johannes Ewald. Stu-dy

Bet. bagpå stolen: CP 96 og foran:
Evald
H. 20 cm. Statuette. Brændt ler. Gave
1973 fra Asta Carl Møller

804
Søofficeren Peter Willemoes
Lieutenant Peter Willemoes

H. 25,2 cm. Statuette. Voks. Erhv.
før 1911

805
Den lille Bacchus. Skitse
The child Bacchus. Study

H. 16,8 cm. Statuette. Brændt ler.
Udst. 1902 som tilh. H. Hirsch-
sprung

806
Dreng med en panter. Skitse
Boy with a panther. Study

H. 14,9 cm. Statuettegruppe.
Brændt ler. Udst. 1902 som tilh. H.
Hirschsprung

807
Dreng på en delfin. Skitse til springvand
Boy on a dolphin. Study

H. 23,6 cm. Statuettegruppe.
Brændt ler. Udst. 1902 som tilh. H.
Hirschsprung

808
Dreng med to gæs. Skitse til springvand
Boy with two geese. Study

H. 21 cm. Statuettegruppe. Brændt
ler. Udst. 1902 som tilh. H. Hirsch-
sprung

809
Dreng på en vinsæk. Skitse til springvand
Boy on a sack of wine. Study

H. 14,3 cm. Statuette. Brændt ler.
Udst. 1902 som tilh. H. Hirsch-
sprung

810
Skitse til frontispicen på en kirkeportal
Study for a church portico

Bet. t.v.: CP
24,7 × 91,5 cm. Ubrændt ler. Udst.
1902 som tilh. H. Hirschsprung

811
Julenat. Ged og hyrdehund.
Skitse
Christmas night. Goat and sheepdog. Study
H. 9,1 cm. Statuettegruppe. Brændt ler. Udst. 1902 som tilh. H. Hirschsprung

812
Julenat. Hyrde. Skitse
Christmas night. Shepherd. Study
H. 14,6 cm. Statuette. Brændt ler. Udst. 1902 som tilh. H. Hirschsprung

813
Julenat. Hyrde. Skitse
Christmas night. Shepherd. Study
H. 14,9 cm. Statuette. Brændt ler. Udst. 1902 som tilh. H. Hirschsprung

814
Julenat. Forkyndelsens engel. Skitse
Christmas night. The Herald Angel. Study
H. 24 cm. Statuette. Brændt ler. Udst. 1902 som tilh. H. Hirschsprung

815
Julenat. Hyrde. Skitse
Christmas night. Shepherd. Study
H. 18 cm. Statuette. Brændt ler. Udst. 1902 som tilh. H. Hirschsprung

816
Julenat. Hyrde. Skitse
Christmas night. Shepherd. Study
H. 14,5 cm. Statuette. Brændt ler. Udst. 1902 som tilh. H. Hirschsprung

817
Julenat. Vædder og får. Skitse
Christmas night. Ram and sheep. Study
H. 8,4 cm. Statuettegruppe. Brændt ler. Udst. 1902 som tilh. H. Hirschsprung

PETER PETERSEN
1810-1892

818
Guden Heimdal på regnbuen Bifrost. Model til forside af medalje efter udkast af Constantin Hansen 1850
The god Heimdal on the Bifrost rainbow
Inskription: NU STANDER STRIDEN UNDER JUTLAND
Diameter 50,5 cm. Gips. Erhvervelsesår ukendt

819
Vikingeskib. Model til bagside af medalje, se kat. no. 818
Viking ship
Inskription: OG BØREN BLÆSER DENNEM IND FOR DANMARK
Diameter 50,2 cm. Gips. Erhvervelsesår ukendt

THEODOR PHILIPSEN
1840-1920

820
To køer. (1865)
Two cows
H. 9,3 cm. Statuettegruppe. Voks. Erhv. 1926

821
Romersk tyr. (1892)
Antique Roman bull
H. 49,3 cm. Statuette. Gips, bemalet. Udst. 1902 som tilh. H. Hirschsprung

822

Vogterdreng med to kalve

Young cowherd with two calves

H. 31 cm. Statuettegruppe. Gips.
Gave 1949 fra Ida og Anna Hirsch-
sprung

823

To stående heste

Two horses

H. 28,3 cm. Statuettegruppe.
Brændt ler, glaseret. Gave 1980 fra
Jens Risom, New Canaan, Connec-
ticut

LAURITZ PRIOR

1840–1879

824

Maleren C. W. Eckersberg.
(1863?)

The painter C. W. Eckersberg

H. 26,1 cm. Buste. Brændt ler. Test.
gave 1927 fra maleren Otto Bache

AUGUST SAABYE

1823–1916

825

Faun, som danser med den
lille Bacchus. (1856–57)

Faun dancing with the young
Bacchus

H. 25,3 cm. Statuette. Gips, bema-
let. Erhv. 1871

826

Dreng på en gedebuk. Skitse.
(Rom 1863)

Boy on a goat. Study

H. 15,5 cm. Statuettegruppe.
Brændt ler. Udst. 1902 som tilh. H.
Hirschsprung

827

Syndflodsscene. Skitse.
(1866)

The Flood. Study

H. 28,6 cm. Statuettegruppe.
Brændt ler. Udst. 1902 som tilh. H.
Hirschsprung

828

Syndflodsscene. Skitse.
(1870)

The Flood. Study

H. 41,8 cm. Statuettegruppe. Voks.
Udst. 1902 som tilh. H. Hirsch-
sprung

829

Syndflodsscene. Skitse

The Flood. Study

H. 42,2 cm. Statuettegruppe. Ny
gipsafstøbning efter kat. no. 828

830

Forfatteren Ludvig Holberg.
(1877). Skitse til et ikke udført
monument

The writer Ludvig Holberg.
Study

H. 56,5 cm. Statuette. Gips. Udst.
1902 som tilh. H. Hirschsprung

831

Adam og Eva finder den døde
Abel. Skitse. (Ca. 1878)

Adam and Eve finding the dead
Abel. Study

14,6 cm. Statuette. Voks. Udst.
1902 som tilh. H. Hirschsprung

832

Stående dreng, som ser efter
en torn i sin fod. Skitse.
(1883)

Standing boy removing a thorn
from his foot. Study

H. 16,1 cm. Statuette. Voks. Udst.
1902 som tilh. H. Hirschsprung

833

Billedhuggeren C. C. Peters.
1888

The sculptor C. C. Peters

Bet. langs rygkant: A. Saabye fec.
C. Peters. 26/7 88 Fagerstrand
H. 65 cm. Buste. Gips. Udst. 1902
som tilh. H. Hirschsprung

834

Den drømmende Sulamith.
Skitse. (1889)

Shulamite dreaming. Study
H. 21,9 cm. Statuette. Voks. Udst.
1902 som tilh. H. Hirschsprung

835
**Lady Macbeth som søvngæn-
gerske. Skitse. (1893)**
Lady Macbeth. Study
H. 37,5 cm. Statuette. Voks. Udst.
1902 som tilh. H. Hirschsprung

836
**Salmedigteren Hans Adolph
Brorson. (1893). Skitse til
bronzestatue ved Marmorkir-
ken**
*The hymn writer Hans Adolph
Brorson.* Study
H. 47,8 cm. Statuette. Ubrændt ler,
lakeret. Udst. 1902 som tilh. H.
Hirschsprung

837
**Professor Jul. Thomsen.
Skitse. (1893)**
Professor Julius Thomsen.
Study
H. 35,1 cm. Statuette. Voks. Udst.
1902 som tilh. H. Hirschsprung

838
**En profet som skriver i san-
det. Skitse. (1894)**
Prophet writing in the sand.
Study
H. 14 cm. Statuette. Voks. Udst.
1902 som tilh. H. Hirschsprung

839
Selvportræt. (1901)
Portrait of the artist
H. 75,6 cm. Buste. Gips. Udst. 1902
som tilh. H. Hirschsprung

840
**Arkæologen J. J. A. Worsaae.
Skitse til monument**
*The archaeologist J. J. A. Wor-
saae.* Study
H. 35 cm, heraf figuren 19 cm. Sta-
tuette. Voks. Erhv. før 1911

841
Efter syndefaldet
After the Fall
H. 46,2 cm. Statuettegruppe. Voks.
Gave 1912 fra kunstneren

CHRISTIAN
SCHIERBECK 1835–1865

842
En munk. Skitse
Monk. Study
H. 22 cm. Statuette. Ubrændt ler.
Udst. 1902 som tilh. H. Hirsch-
sprung

TH. STEIN 1829–1901

843
**Neapolitansk dreng, der lader
en konkylie koge for sit øre.
1857. Skitse til statue**
*Neapolitan boy listening with
his ear to a conch shell.* Study
Bet. på fodstykket bagtil: T.S. 10/3
57 og bagpå sokkelen f.n.: Th. S.
Sept. 1900.
H. 35,9 cm, heraf figuren 14 cm.
Statuette. Brændt ler. Udst. 1902
som tilh. H. Hirschsprung

844
**Neapolitansk vandbærer.
Skitse. 1858**
Neapolitan water bearer. Study
Bet. på fodstykket: T.S. 24 Juli 1858
H. 21,5 cm. Statuette. Brændt ler.
Udst. 1902 som tilh. H. Hirsch-
sprung

845
Loke og Sigyn. Skitse. 1860
Loke and Sigun. Study
Bet. bagpå: TS 1860
H. 17,5 cm. Statuettegruppe.
Brændt ler. Erhv. før 1911

846

Geologen G. Forchhammer.
1866

The geologist G. Forchhammer

Bet. på sokkelens h. side: T. Stein
1866
H. 35,7 cm. Statuette. Gips. Erhv.
før 1911

847

Ulvinden med Romulus og
Remus. Skitse. 1870

The she-wolf with Romulus and
Remus. Study

Bet. bagpå: Th. Stein 27 Jan. 70 og
foran: Romolus og Remus
H. 18,1 cm. Statuettegruppe.
Brændt ler. Erhv. før 1911

848

H. C. Andersen. (1875). Skitse
til statue i Odense

Hans Christian Andersen. Study

Bet. bagpå figurgruppen: ThS
H. 51,4 cm, heraf figurgruppen 28,6
cm. Statuette. Gips, bronzeret. Erhv.
før 1911

849

H. C. Andersen læser for bør-
nene. Skitse. (1875?)

Hans Christian Andersen read-
ing to some children. Study

Bet. bagpå: T.S.
H. 27 cm. Statuettegruppe. Brændt
ler. Erhv. før 1911

850

Admiralen Niels Juel. 1877.
Skitse til monument, Hol-
mens Kanal, København

The admiral Niels Juel. Study

Bet. bagpå sokkelen: Th. Stein April
1877
H. 31,9 cm. Statuette. Brændt ler.
Erhv. før 1911

851

Admiralen Niels Juel. Skitse
til samme monument som
kat. no. 850

The admiral Niels Juel. Study

H. 28,1 cm. Statuette. Brændt ler.
Erhv. før 1911

852

Admiralen Niels Juel. Skitse
til samme monument som
kat. no. 850

The admiral Niels Juel. Study

H. 35,7 cm. Statuette. Gips. Erhv.
før 1911

853

Admiralen Niels Juel. Skitse
til samme monument som
kat. no. 850

The admiral Niels Juel. Study

Bet. på sokkelens h. kant: T. Stein
H. 76 cm. Statuette. Gips. Udst.
1902 som tilh. H. Hirschsprung

854

Admiral Suenson. 1888. Skit-
se til monument ved Nybo-
der, København

The admiral Suenson. Study

Bet. bagpå: Th. Stein 1888
H. 33,7 cm. Statuette. Voks. Udst.
1902 som tilh. H. Hirschsprung

855

Lille satyr. 1889

Little satyr

Bet. på stubben: Th. Stein 1889
H. 55,1 cm. Statuette. Bronze.
Udst. 1902 som tilh. H. Hirsch-
sprung

856

Digteren Frederik Paludan-
Müller. 1890. Skitse til kat.
no. 857

The poet Frederik Paludan-
Müller. Study for cat. no. 857

Bet. på stubben: ThS. 1 Sept 90
H. 28,8 cm. Statuette. Brændt ler.
Udst. 1902 som tilh. H. Hirsch-
sprung

857

Digteren Frederik Paludan-
Müller. 1891

The poet Frederik Paludan-
Müller

Bet. bagpå: Th. Stein fc. 1891
H. 131 cm, heraf figuren 63,5 cm.
Statuette. Gips. Udst. 1902 som tilh.
H. Hirschsprung

858
Amor og Psyke. Skitse. 1891
Cupid and Psyche. Study

Bet. bagpå: ThS. mai 91
H. 23,3 cm. Statuette. Brændt ler.
Udst. 1902 som tilh. H. Hirsch-
sprung

859
E. Tesdorph. 1891. Skitse til
bronzestatue ved Landbohøj-
skolen
E. Tesdorph. Study

Bet. bagpå f.n.: Th.S. 3 Sept 91
H. 24,2 cm. Statuette. Brændt ler.
Udst. 1902 som tilh. H. Hirsch-
sprung

860
Billedhuggeren F. G. Hertzog.
1892
The sculptor F. G. Hertzog

Bet. på v. side: Th Stein 8 April
1892
H. 27,7 cm. Statuette. Gips, bronze-
ret. Udst. 1902 som tilh. H. Hirsch-
sprung

861
Faun i kamp med en slange.
1895
Faun fighting with a snake

Bet. bagpå f.n.: 2 mai 95 Th.St.
H. 17,8 cm. Statuette. Brændt ler.
Erhv. før 1911

862
Den halte ser, den blinde går.
Skitse. 1895
The lame man sees, the blind
man walks. Study

Bet. på stubben h.s.: Th. Stein.
1895 og på v. side: DEN HALTE
SEER DEN BLINDE GAAER VED
FÆLLEDS HJÆLP DE MAALET
NAAE
H. 37 cm. Statuette. Brændt ler.
Udst. 1902 som tilh. H. Hirsch-
sprung

863
Billedhuggeren H. W. Bissen.
Skitse. 1896
The sculptor H. W. Bissen. Stu-
dy

Bet. bagpå: 10/3·96 og foran: H. V.
BISSEN
H. 21,5 cm. Statuette. Brændt ler.
Udst. 1902 som tilh. H. Hirsch-
sprung

864
Hyrden Faustulus med Romu-
lus og Remus. Skitse. 1896
The shepherd Faustulus with
Romulus and Remus. Study

Bet. bagpå: Th. S. 9 Juni 96 og for-
an f.n.: Romulus og Remus
H. 28,1 cm. Statuette. Brændt ler.
Udst. 1902 som tilh. H. Hirsch-
sprung

865
Sokrates. 1897
Socrates

Bet. bagpå: Th. Stein 1897 og foran
f.n.: Sokrates (med græske bogsta-
ver)
H. 27,2 cm. Statuette. Gips. Udst.
1902 som tilh. H. Hirschsprung

866
Ruth. Skitse. 1897
Ruth. Study

Bet. bagpå fodstykket: Th. Stein
Jan. 97 og foran f.n.: Ruth
H. 16,6 cm. Statuette. Brændt ler.
Udst. 1902 som tilh. H. Hirsch-
sprung

867
Michelangelo ved den belve-
deriske torso. 1897
Michelangelo standing by the
Belvedere torso

Bet. på sokkelens bagside: Th.
Stein Dec. 1897.
H. 34 cm. Statuette. Gips. Erhv. før
1911

868
Liden Gunver. 1898. Skitse til
statue

Little Gunver. Study

Bet. på stubben: Th.S. og på fod-
stykkets bagkant: Vallerød 16/8 98
og foran f.n.: Liden Gunver
H. 24,8 cm. Statuette. Brændt ler.
Udst. 1902 som tilh. H. Hirsch-
sprung

869
**Billedhuggeren Johannes
Wiedewelt.** 1901
*The sculptor Johannes Wiede-
welt*

Bet. bagpå plinten: Th. Stein 1901
og foran f.n.: 17 December 1802
H. 64 cm. Statuette. Gips. Udst.
1902 som tilh. H. Hirschsprung

870
Bacchus med panteren. Skit-
se. 1901
Bacchus and the panther. Stu-
dy

Bet. bagpå f.n.: Th S. Sept. 1901
H. 18,9 cm. Statuettegruppe.
Brændt ler. Udst. 1902 som tilh. H.
Hirschsprung

871
Maleren N. A. Abildgaard.
Skitse. 1901
The painter N. A. Abildgaard.
Study

Bet. bagpå stolen: Th Stein 30 Oct.
1901 og foran f.n.: N. ABILDGAARD
H. 31,3 cm. Statuette. Brændt ler.
Udst. 1902 som tilh. H. Hirsch-
sprung

872
Maleren N. A. Abildgaard
The painter N. A. Abildgaard

H. 73,8 cm. Statuette. Gips. Erhv.
før 1911

873
Hermes som barn. Skitse
Hermes as a child. Study

Bet. bagtil: Th.S (brud) og foran f.n.:
Hermes
H. 10,6 cm. Statuette. Brændt ler.
Udst. 1902 som tilh. H. Hirsch-
sprung

874
Psyke. Skitse
Psyke. Study

Bet. f.n. på figurens h.s.: Th.S. 11
Juni og foran f.n.: Psyche
H. 29,2 cm. Statuette. Brændt ler.
Udst. 1902 som tilh. H. Hirsch-
sprung

875
Forfatteren H. P. Holst. Skit-
se
The writer H. P. Holst. Study

Bet. bagpå: Th. Stein
H. 20,1 cm. Buste. Brændt ler.
Udst. 1902 som tilh. H. Hirsch-
sprung

F. C. STRAMBOE
1833–1908

876
Kunstnerens mor
The artist's mother

Diameter 14,5 cm. Medaljon. Gips.
Erhv. før 1911

877
Adam og Eva
Adam and Eve

H. 37,2 cm. Statuettegruppe. Gips.
Erhv. før 1911

BERTEL THORVALDSEN
1770–1844

878
Venus og Amor. Skitse.
(1827?)
Venus and Cupid. Study

H. 19,5 cm. Statuette. Brændt ler.
Udst. 1902 som tilh. H. Hirsch-
sprung

STEPHAN USSING
1828–1855

879
Balder. (1855)

Bet. foran f.n.: BALDER
H. 22,4 cm. Statuette. Gips. Test.
gave 1902 fra professorinde Olrik

880
Nanna. (1855)

Bet. foran f.n.: NANNA
H. 20,2 cm. Statuette. Gips. Test.
gave 1902 fra professorinde Olrik

KRISTIAN ZAHRTMANN
1843–1917

881
Leonora Christina forlader
fængslet. (Ca. 1905–10)

The Princess Leonora Christina
leaving prison

H. 48,2 cm. Statuettegruppe. Voks.
Erhv. 1954

882
Leonora Christina forlader
fængslet

The Princess Leonora Christina
leaving prison

H. 61,7 cm. Statuettegruppe. Gips.
Erhv. efter 1911

KUNSTNER UBEKENDT
UNIDENTIFIED ARTIST

883
Flugten til Egypten

The flight into Egypt

61,5 × 85 cm. Relief. Gips. Erhver-
velsesår ukendt

884
Apostlen Paulus

St. Paul

H. 69,4 cm. Statuette. Gips. Erhver-
velsesår ukendt

ERHVERVELSER 1983−89
OG DEPOSITA

ACQUISITIONS 1983−89
AND DEPOSITS

MALERIER

PAINTINGS

ANNA ANCHER
1859–1935

885
Lillebror. **1905**
The Infant Brother
Bet. f.n.t.h.: A.Ancher 1905
69×62 cm. Gave 1986 fra
Augustinusfonden

VIGGO PEDERSEN
1854–1926

888
Landskab. Frederikshøj. **1881**
Landscape. Frederikshøj
Bet. f.n.t.h.: Viggo Pedersen
Frederikshøj 5. august 1881
29,2×39,8 cm. Gave 1983 fra
fru Olivia Munk Olsen

LUDVIG FIND
1869–1945

886
Selvportræt
Selfportrait
Bet. f.o.t.v.: FIND
44×37 cm. Gave 1983 fra
fru Olivia Munk Olsen

P.S.KRØYER
1851–1909

887
Bugten ved Amalfi. **1890**
View of Amalfi and the bay
Bet. f.n.t.v.: SK Amalfi 90
32,8×23,8 cm. Olie på træ.
Erhv. 1987 med tilskud fra Statens
Museumsnævn, Konsul George
Jorck og Hustru Emma Jorck's
Fond samt Magasin du Nords Fond.

SKULPTUR

SCULPTURE

GEORG CHRISTIAN FREUND
1821–1900

889

En lille pige med sin kat. 1858

A little girl with her cat

Bet. bag på plintens kant: Roma 24
Dec. 58. H. 5,4 cm. Statuette.
Brændt ler. Gave 1988 fra
fru Benedicte Helweg

THEODOR PHILIPSEN
1840–1920

890

Får med lam. (1906)

Sheep with a lamb

H. 42,3 cm. Statuettegruppe.
Brændt ler, farvet glasur.
Gave 1985 fra Birger Bartholin

KRISTIAN ZAHRTMANN
1843–1917

891

*Leonora Christina forlader
fængslet.* (1915–16?)

*The Princess Leonora Christina
leaving prison*

H. 61 cm. Statuettegruppe. Bemalet
voks. Test. gave 1988 fra Kai Dessau

DEPOSITA

DEPOSITS

VILHELM HAMMERSHØI
1864–1916

892
Åbne døre. (1905)
Open doors
52×59,6 cm. Dep. 1971 af Davids Samling

893
Skovbryn. (1883–85)
At the edge of the forest
29×32 cm. Dep.1984. Privateje

894
Dobbeltportræt af kunstneren og hans hustru. (1892)
Double portrait of the artist and his wife
36,5×65 cm. Dep.1987 af Davids Samling

895
Interiør med udsigt til svalegang. (1903)
Interior with a view of a gallery
72×58,5 cm. Dep.1987 af Davids Samling

896
Ung bøgeskov. Arresødal. (1904)
Young beech trees. Arresødal
47×73 cm. Dep.1987 af Davids Samling

897
Tre skibe. Christianhavns Kanal. (1905)
Three ships. The Christianshavn Canal
47,5×71 cm. Dep.1987 af Davids Samling

898
Stue. Strandgade 30. (1906)
Interior. Strandgade 30
55×47 cm. Dep.1987 af Davids Samling

899
Nøgen kvindelig model. 1910
Female nude
Bet. f.o.t.h.: VH 1910
172×96,5 cm. Dep.1987 af Davids Samling

900
Portræt af Else Aagesen. (1913)
Portrait of Else Aagesen
32×30 cm. Dep.1987 af Davids Samling

901
Syende dame.
Old woman sewing
54×37 cm. Dep.1971 af Davids Samling

J.F.WILLUMSEN

1863–1958

902

Slagterbutik ved Nikolaj Tårn.
(1886)

*Butcher's shop near Nikolaj
Tårn*

Bet.f.n.t.v.: J.F.Willumsen
59,4×68,2 cm. Dep.1971 af Davids
Samling

903

Gade i Alora. **1889**

Street in Alora

Bet.f.n.t.v.: J.F.Willumsen Malaga
–1889–
98×80,6 cm. Dep.1971 af Davids
Samling